AF525434

ISBN: 978-952-80-8250-7

1. versio
Kustantaja: BoD – Books on Demand, Helsinki, Suomi
Valmistaja: BoD – Books on Demand, Norderstedt, Saksa

Laatuun ja toimitukseen liittyviä kysymyksiä: info@bod.fi
Sisältöön liittyviä neuvoja: info.islaminusko@gmail.com

40 HADITH AN-NAWAWI

Ibn Rajabin lisäyksillä

Imaami Muhyi-ddin Abu Zakariyya Yahya ibn Sharaf an-Nawawi

Al-Haafidh Abdul-Rahman ibn Ahmad ibn Rajab al-Hanbali

Kääntänyt: Aiub Dawdi & Asiya Rosa

Sisällys

Aloitan Allahin, Armeliaimman, Armahtajan nimeen.

Kääntäjän kommentit

Imaami an-Nawawin - Allah armahtakoon hänet - neljänkymmenen hadithin kokoelma on tunnettu, hyväksytty ja arvostettu muslimioppineiden keskuudessa. Se sisältää kokonaisuudessaan neljäkymmentäkaksi profeetta Muhammadin ﷺ perimätietoa eli hadithia. Ibn al-Uthaymiin - Allah armahtakoon hänet - sanoi:

الأَرْبَعُونَ النَّوَوِيَّةُ، وَهِيَ لَيْسَتْ أَرْبَعِينَ، بَلْ هِيَ اثْنَانِ وَأَرْبَعُونَ، لَكِنَّ العَرَبَ يَحْذِفُونَ الكَسْرَ فِي الأَعْدَادِ فَيَقُولُونَ: أَرْبَعُونَ. وَإِنْ زَادَ وَاحِدًا أَوِ اثْنَيْنِ، أَوْ نَقَصَ وَاحِدًا أَوِ اثْنَيْنِ.

"An-Nawawin neljäkymmentä hadithia eivät itse asiassa ole neljäkymmentä, vaan neljäkymmentäkaksi. Arabit kuitenkin pyöristävät lukuja ja sanovat neljäkymmentä, vaikka määrä kasvaisi yhdellä tai kahdella tai vähenisi yhdellä tai kahdella."

(*Sharh al-Arba'iin an-Nawawiyya li-l-'Uthaymin*)

Imaami Abu Zakariyya Yahya ibn Sharaf an-Nawawin mukaan nämä 42 hadithia ovat yksi tärkeimmistä ja olennaisimmista islamin profeetallisista perinteistä. Aiheet sisältävät kaiken, mitä muslimin tulisi vähintään tietää uskonnostaan.

Tämä käännetty kokoelma sisältää myös ibn Rajabin lisäämät kahdeksan hadithia, jotka hän koki sopivaksi lisätä tähän kategoriaan tehdessään kirjasta selityksen nimellä *Jaami' al-uluum wal-hikam*. Hadithien selittämiseen on hyödynnetty enimmäkseen hänen selityksiään sekä tekstissä mainittujen oppineiden kommentteja. Kirja on käännetty arabiankielestä, ja käännöksissä on pyritty säilyttämään oikea merkitys.

Kaikki menestys ja hyvä on vain Allahilta, ja virheellisyys on vain meiltä ja *shaytaanilta*.

Imaami an-Nawawin elämä

Varhainen elämä ja koulutus

Imaami an-Nawawi - Allah armahtakoon hänet, koko nimeltään Abu Zakariyya Yahya ibn Sharaf an-Nawawi, syntyi vuonna 1233 (631 *hijran* jälkeen) Nawa-nimisessä kylässä, lähellä Damaskosta Syyriassa. Hänestä tuli merkittävä islamilainen oppinut, erityisesti hadith-tieteissä ja Shafi'i -koulukunnan lainoppineena.

Ibn Kathir - Allah armahtakoon hänet - sanoi imaami an-Nawawista:

وُلِدَ بِنَوَى سَنَةَ إِحْدَى وَثَلَاثِينَ وَسِتِّمِائَةٍ، وَنَوَى قَرْيَةٌ مِنْ قُرَى حَوْرَانَ.

"An-Nawawi syntyi Nawassa vuonna 631 (*hijran* jälkeen), ja Nawa on kylä Hauranin alueella (Etelä-Syyriassa)."

(*Al-Bidaya wa'l-nihaya li-ibn Kathir*)

Opiskelu ja omistautuminen

An-Nawawi sai varhaisen koulutuksensa kotikylässään, mutta muutti myöhemmin Damaskokseen jatkaakseen opintojaan. Hän erottui nopeasti oppineisuudellaan ja omistautumisellaan. Imaami an-Nawawi käytti suurimman osan ajastaan opiskeluun, opetukseen ja kirjoittamiseen. Hän matkusti paljon tiedon perässä ja kärsi usein riittävän levon ja ravinnon puutteesta. Hänen elämänsä tiedetään olleen yksinkertaista ja askeettista. An-Nawawi ei koskaan mennyt naimisiin, sillä hän omistautui täysin uskonnolliselle työlleen.

Imaami ad-Dahabi - Allah armahtakoon hänet - sanoi hänestä:

وَكَانَ النَّوَوِي لا يُضَيِّعُ وَقْتًا فِي لَيْلٍ أَوْ نَهَارٍ إِلَّا فِي الِاشْتِغَالِ بِالْعِلْمِ، حَتَّى فِي ذَهَابِهِ فِي الطَّرِيقِ وَمَجِيئِهِ كَانَ يَشْتَغِلُ فِي تِكْرَارٍ أَوْ مُطَالَعَةٍ.

"An-Nawawilla ei ollut tapana hukata aikaansa päivällä eikä yöllä, vaan oli aina kiireinen tiedon parissa - jopa tiellä kävellessään hän kertaili tai opiskeli.

(*Siyar a'lam an-nubala' li-dh-Dahabi*)

Tunnetuimmat teokset

An-Nawawin tunnetuimpia teoksia ovat *Riyad as-Salihin* (Hurskaiden puutarhat) sekä *al-Arba'in an-Nawawiyah* (*40 hadith an-Nawawi*). Nämä hadith-kokoelmat ovat laajasti käytettyjä ja arvostettuja islamin oppineiden keskuudessa.

Ibn al-Uthaymiin - Allah armahtakoon hänet - sanoi:

فَالنَّوَوِي لا نَشُكُّ أَنَّ الرَّجُلَ نَاصِحٌ، وَأَنَّ لَهُ قَدَمَ صِدْقٍ فِي الإِسْلَامِ، وَيَدُلُّ لِذَلِكَ قُبُولُ مُؤَلَّفَاتِهِ حَتَّى إِنَّكَ لا تَجِدُ مَسْجِدًا مِنْ مَسَاجِدِ الْمُسْلِمِينَ، إِلَّا وَيُقْرَأُ فِيهِ كِتَابُ رِيَاضِ الصَّالِحِينَ.

"Emme epäile, että an-Nawawi oli vilpitön ja että hänellä on totuudenmukainen maine islamissa. Tämä näkyy myös siinä, että hänen teoksensa ovat laajalti hyväksyttyjä, eikä löydy yhtäkään moskeijaa, jossa ei luettaisi *Riyad as-Salihin* -kirjaa."

(Ibn al-Uthaymiin, Sharh al-Arba'iin an-Nawawiyya)

Ad-Dhahabi - Allah armahtakoon hänet - sanoi an-Nawawista:

وَكَانَ (أَيْ: النَّوَوِي)...حَافِظًا لِحَدِيثِ رَسُولِ اللَّهِ ﷺ، عَارِفًا بِأَنْوَاعِهِ مِنْ صَحِيحِهِ وَسَقِيمِهِ وَغَرِيبِ أَلْفَاظِهِ.

"- - ja hän osasi ulkoa Allahin sanansaattajan ﷺ haditheja ja hän tiesi niiden luokitelmien eri tyypit: autenttisista heikkoihin, ja epäselkeistä sanoista (*ghariib al-alfaadh*)."

(Siyar a'lam an-nubala li ad-Dahabi)

Kuolema ja perintö

Imaami an-Nawawi kuoli vain 45-vuotiaana, vuonna 1277 (676 hj). Hänen perintönsä elää kuitenkin edelleen hänen kirjoitustensa kautta, ja häntä pidetään yhtenä islamin historian suurimmista oppineista. Hänen työnsä ja opetuksensa ovat vaikuttaneet moniin sukupolviin ja jatkavat vaikutustaan tänäkin päivänä.

Ibn Kathir - Allah armahtakoon hänet - sanoi an-Nawawista:

الشَّيْخُ (أَيْ: النَّوَوِي) الإِمَامُ العَالِمُ العَلَّامَةُ، شَيْخُ المَذْهَبِ وَكَبِيرُ الفُقَهَاءِ فِي زَمَانِهِ، وَمَنْ حَازَ قَصَبَةَ السَّبْقِ دُونَ أَقْرَانِهِ.

"Hän on sheikki, imaami, oppinut, suuri tietäjä, koulukunnan sheikki ja aikansa suuri lainoppinut, joka nousi aikansa vertaisiin nähden huipulle."

(Ibn Kathir, al-Bidaya wa-n-nihaya)

Imaami an-Nawawin puhe

خُطْبَةُ الإِمَامِ النَّوَوِيّ

Kaikki kiitokset ja kunnia kuuluvat Allahille, maailmojen Valtiaalle, taivaiden ja maiden Ylläpitäjälle, kaikkien luotujen asioiden Järjestäjälle, joka on lähettänyt sanansaattajat – siunaukset ja rauhaa heille – vastuunkantajille[1] johdatuksena ja selventämään uskonnon määräyksiä kiistattomilla ja selkeillä todisteilla. Ylistän Häntä kaikista siunauksista ja pyydän Häneltä lisää Hänen suosiostaan ja anteliaisuudestaan.

Todistan, että ei ole muuta palvomisen arvoista jumalaa kuin Allah, joka on Yksi ja Kaikkivaltias, Antelias ja Anteeksiantava. Todistan, että Muhammad on Hänen palvelijansa ja sanansaattajansa, Hänen rakastettunsa ja ystävänsä, parhain luomakunnasta, joka on saanut kunniaa mahtavalla ihmeellä – vuosia säilyvällä Koraanilla – ja valaisevalla *sunnalla* johdatusta etsiville. Juuri hänelle on annettu kattavin ja ytimekkäin tapa puhua ja anteeksiantava uskonto. Allahin kehut ja rauha olkoon hänen ja kaikkien profeettojen, sanansaattajien sekä jokaisen uskovaisen väen ja hurskaiden yllä.

Mitä tulee seuraavaksi: olemme raportoineet ‘Ali ibn Abi Talibilta, ‘Abdullah ibn Mas’udilta, Mu’adh ibn Jabalilta, Abu Darda’lta, ibn Umarilta, ibn Abbasilta, Anas ibn Malikilta, Abu Hurairalta ja Abu Sa’id al-Khudriltä – Allah olkoon heihin tyytyväinen – useiden reittien kautta erilaisilla raporteilla, että Allahin sanansaattaja ﷺ sanoi: **“Kuka ikinä säilyttää neljäkymmentä hadithia kansalleni uskontoa koskevista asioista,**

الْحَمْدُ لِلَّهِ رَبِّ العَالَمِينَ، قيومِ السَّماواتِ وَالأَرَضِينَ، مُدَبِّرِ الخَلائِقِ أَجْمَعِينَ، بَاعِثِ الرُّسُلِ – صَلَوَاتُهُ وَسَلَامُهُ عَلَيْهِم – إِلَى الْمُكَلَّفِينَ؛ لِهِدَايَتِهِمْ وَبَيَانِ شَرَائِعِ الدِّينِ، بِالدَّلَائِلِ الْقَطْعِيَّةِ وَوَاضِحَاتِ الْبَرَاهِينِ، أَحْمَدُهُ عَلَى جَمِيعِ نِعَمِهِ، وَأَسْأَلُهُ الْمَزِيدَ مِنْ فَضْلِهِ وَكَرَمِهِ.

وَأَشْهَدُ أَنْ لَا إِلَهَ إِلَّا اللَّهُ الْوَاحِدُ الْقَهَّارُ، الْكَرِيمُ الْغَفَّارُ، وَأَشْهَدُ أَنَّ مُحَمَّدًا عَبْدُهُ وَرَسُولُهُ، وَحَبِيبُهُ وَخَلِيلُهُ، أَفْضَلُ المَخْلُوقِينَ، المُكَرَّمُ بِالقرآنِ الْعَزِيزِ الْمُعجزَةِ الْمُسْتَمِرَّةِ عَلَى تَعَاقُبِ السِّنِينَ، وَبِالسُّنَنِ الْمُسْتَنِيرَةِ لِلْمُسْتَرشِدِينَ، الْمَخْصُوصُ بِجَوَامِعِ الْكَلِمِ وَسَمَاحَةِ الدِّينِ، صَلَوَاتُ اللَّهِ وَسَلَامُهُ عَلَيْهِ وَعَلَى سَائِرِ النَّبِيِّينَ وَالْمُرسَلِينَ، وَآلِ كُلٍّ وَسَائِرِ الصَّالِحِينَ.

أَمَّا بَعْدُ: فَقَدْ رَوَيْنَا عَنْ عَلِيِّ بْنِ أَبِي طَالِبٍ، وَعَبْدِ اللَّهِ بْنِ مَسْعُودٍ وَمُعَاذِ بْنِ جَبَلٍ، وَأَبِي الدَّرْدَاءِ، وَابْنِ عُمَرَ، وَابْنِ عَبَّاسٍ، وَأَنَسِ بْنِ مَالِكٍ، وَأَبِي هُرَيْرَةَ، وَأَبِي سَعِيدٍ الْخُدْرِيِّ – رَضِيَ اللهُ عَنهُم – مِنْ طُرُقٍ كَثِيرَاتٍ بِرِوَايَاتٍ مُتَنَوِّعَاتٍ: أَنَّ رَسُولَ اللهِ ﷺ قَالَ:

«مَنْ حَفِظَ عَلَى أُمَّتِي أَرْبَعِينَ حَدِيثًا مِنْ أَمْرِ دِينِهَا بَعَثَهُ اللهُ تَعَالَى فَقِيهًا يَوْمَ الْقِيَامَةِ فِي زُمْرَةِ الْفُقَهَاءِ وَالْعُلَمَاءِ». وَفِي رِوَايَةٍ: **«بَعَثَهُ الله تَعَالَى**

[1] Eli ihmisille ja henkiolennoille.

Allah – Korkein – tulee nostamaan hänet tuomiopäivänä uskonoppineena oppineiden ja tietävien joukkoon.” Eräässä toisessa kertomaketjussa: **“Allah tulee herättämään hänet oppineena ja tietävänä.”** Ja Abu ad-Dardaa’n kertomaketjussa: **“– –, minä tulen olemaan hänen puolestapuhujansa ja todistajansa ylösnousemuksen päivänä.”** Ja ibn Umarin kertomaketjussa: **“– –, hänet kirjoitetaan oppineiden joukkoon, ja hänet tullaan ylösnostamaan marttyyrien joukkoon.”** Kertomusten säilyttäjät ovat yhtä mieltä siitä, että tämä hadith on heikko, vaikka sillä on monia kertomaketjuja.[1]

Oppineet ovat kirjoittaneet lukemattomia teoksia tästä aiheesta. Ensimmäinen, jonka tiedän kirjoittaneen tästä, oli ‘Abdullah ibn al-Mubarak, sitten uskonnollinen oppinut Muhammad ibn Aslam at-Tuusi, sitten al-Hasan ibn Sufyan an-Nasawi, Abu Bakr al-Aajurri, Abu Bakr Muhammad ibn Ibrahim al-Asfahaani, ad-Daaraqutni, al-Haakim, Abu Nu’aym, Abu ‘Abd ar-Rahman as-Sulami, Abu Sa’d al-Maaliini, Abu ’Uthman as-Saabuni, ’Abdullah ibn Muhammad al-Ansari, Abu Bakr al-Bayhaqi ja lukuisat muut aikaisemmat ja myöhemmät luodut.

Olen pyytänyt Allahilta johdatusta kootakseni neljäkymmentä hadithia, seuratakseni näiden merkittävien imaamien

فَقِيهًا عَالِمًا». وَفِي رِوَايَةِ أَبِي الدَّرْدَاءِ: **«وَكُنْتُ لَهُ يَوْمَ القِيَامَةِ شَافِعًا وَشَهِيدًا»**. وَفِي رِوَايَةِ ابْنِ عُمَرَ: **«كُتِبَ فِي زُمْرَةِ الْعُلَمَاءِ، وَحُشِرَ فِي زُمْرَةِ الشُّهَدَاءِ»**. وَاتَّفَقَ الْحُفَّاظُ عَلَى أَنَّهُ حَدِيثٌ ضَعِيفٌ وَإِنْ كَثُرَتْ طُرُقُهُ.[1]

وَقَدْ صَنَّفَ الْعُلَمَاءُ فِي هَذَا الْبَابِ مَا لَا يُحْصَى مِنَ الْمُصَنَّفَاتِ، فَأَوَّلُ مَنْ عَلِمْتُهُ صَنَّفَ فِيهِ: عَبْدُ اللَّهِ بنُ الْمُبَارَك، ثُمَّ مُحَمَّدُ بْنُ أَسْلَمَ الطُّوسِيُّ الْعَالِمُ الرَّبَّانِيُّ، ثُمَّ الْحَسَنُ بْنُ سُفْيَانَ النَّسَوِيُّ، وَأَبُو بَكْرٍ الآجُرِّيُّ، وَأَبُو بَكْرٍ مُحَمَّدُ بْنُ إِبْرَاهِيمَ الأَصْفَهَانِيُّ، وَالدَّارَقُطْنِيُّ، وَالْحَاكِمُ، وَأَبُو نُعَيْمٍ، وَأَبُو عَبْدِ الرَّحْمَنِ السُّلَمِيُّ، وَأَبُو سَعد الْمَالِينِيُّ، وَأَبُو عُثْمَانَ الصَّابُونِيُّ، وَعَبْدُ اللَّهِ بْنُ مُحَمَّدٍ الأَنْصَارِيُّ، وَأَبُو بَكْرٍ الْبَيْهَقِيُّ، وَخَلَائِقُ لَا يُحْصَوْنَ مِنَ الْمُتَقَدِّمِينَ وَالْمُتَأَخِّرِينَ.

وَقَدِ اسْتَخَرْتُ اللَّهَ تَعَالَى فِي جَمْعِ أَرْبَعِينَ حَدِيثًا؛ اقْتِدَاءً بِهَؤُلَاءِ الأَئِمَّةِ الأَعْلَامِ، وَحُفَّاظِ الإِسْلَامِ،

---

[1] Nämä hadithit on raportoitu seuraavissa lähteissä seuraavilla maininnoilla:

قال الدارقطني في «العلل» (٦/ ٣٣) بعد أن ذكر طرق الحديث قال «وَكُلُّهَا ضِعَافٌ، وَلَا يَثْبُتُ مِنْهَا شَيْءٌ»، وقال البيهقي في «شعب الايمان» (١٥٩٥ ـ ١٥٩٦) بعد إخراجه إياه: «هَذَا مَتْنٌ مَشْهُورٌ فِيمَا بَيْنَ النَّاسِ، وَلَيْسَ لَهُ إِسْنَادٌ صَحِيحٌ»، وضعفه ابن عبد البر في «جامع بيان العلم وفضله»، وقال ابن حَجَر في «لسان الميزان» (٦/ ٢٣٢) «وَهَذِهِ أَحَادِيث مكذُوبَة».

Ad-Daraqutni – Allah armahtakoon hänet – sanoi teoksessa *al-‘Ilal* (6/33) mainittuaan hadithin kertomaketjut: "– – ja kaikki nämä ovat heikkoja, eikä niistä ole vahvistettu mitään." Al-Bayhaqi sanoi teoksessa *Shu’ab al-iimaan* (1595-1596) tuodessaan kertomaketjut esille: "Tämä teksti on tunnettu ihmisten keskuudessa, mutta sillä ei ole autenttista kertomaketjua." Ibn Abd al-Barr on julistanut sen heikoksi teoksessa *Jami’ bayan al-ilm wa fadlih*. Ibn Hajar sanoi teoksessa *Lisan al-miizaan* (6/232): "Nämä hadithit ovat valheellisia (luokitelmissaan)."

ja islamin säilyttäjien esimerkkiä. Oppineet ovat yhtä mieltä siitä, että heikkojen hadithien mukaan voi toimia, jos ne käsittelevät hyvien tekojen hyveitä[1]. En kuitenkaan tukeudu vain tähän hadithiin, vaan hänen (Allahin sanansaattajan ﷺ) lausuntoihinsa, jotka on mainittu autenttisissa haditheissa: **“Välittäköön teistä läsnä olevat niille, jotka eivät ole läsnä”** ja hänen ﷺ lausuntonsa: **“Allah valaiskoon häntä, joka kuulee sanani, säilyttää sen ja sitten välittää sen eteenpäin sellaisena kuin hän sen kuuli.”**

Jotkut oppineet ovat koonneet neljäkymmentä hadithia uskon perusteista, toiset muista lain osa-alueista, toiset *jihadista*,

وَقَدِ اتَّفَقَ الْعُلَمَاءُ عَلَى جَوَازِ الْعَمَلِ بِالْحَدِيثِ الضَّعِيفِ فِي فَضَائِلِ الأَعْمَالِ، وَمَعَ هَذَا فَلَيْسَ اعْتِمَادِي عَلَى هَذَا الْحَدِيثِ، بَلْ عَلَى قَوْلِهِ ﷺ فِي الأَحَادِيثِ الصَّحِيحَةِ: «**لِيُبَلِّغِ الشَّاهِدُ مِنْكُمُ الْغَائِبَ**»، وَقَوْلِهِ ﷺ: «**نَضَّرَ اللَّهُ امْرَأً سَمِعَ مَقَالَتِي فَوَعَاهَا، فَأَدَّاهَا كَمَا سَمِعَهَا**».

ثُمَّ مِنَ الْعُلَمَاءِ مَنْ جَمَعَ الأَرْبَعِينَ فِي أُصُولِ الدِّينِ، وَبَعْضُهُمْ فِي الْفُرُوعِ، وَبَعْضُهُمْ فِي الْجِهَادِ، وَبَعْضُهُمْ فِي الزُّهْدِ، وَبَعْضُهُمْ فِي الآدَابِ، وَبَعْضُهُمْ فِي الْخُطَبِ، وَكُلُّهَا مَقَاصِدُ

[1] Tämä kyseinen an-Nawawin lausunto ei pidä täysin paikkaansa, sillä oppineet eivät ole tästä yksimielisiä. Ash-Shirbiini ibn Faaiq sanoi tästä an-Nawawin lausunnosta:

فِي كلامِ الامامِ النَّووي نظرٌ، فَقَدْ نُقِلَ عَنْ أَئِمة الجَرح والتَّعْديل والعِلَل خِلَاف ذلك فقَالَ ابْنُ العَرَبي فِي تَدْرِيب الراوي (١/ ٣٥١) «لَا يَجُوزُ الْعَمَلُ بِهِ مُطْلَقًا» «أَيْ الضعيف».

“Imaami an-Nawawin lausunnossa on tarkasteltavaa, sillä on kerrottu, että hadithien autenttisuuden ja vikojen tutkijat ovat sanoneet päinvastoin. Ibn al-Arabi (Abu Bakr ibn al-Arabi al-Maliki) sanoi teoksessaan *Tadrib ar-rawi* (1/351): ‘Ei ole sallittua toimia sen (heikon hadithin) mukaisesti missään tapauksessa.’”

(Jami' al-ulum wa al-hikam, tahqiq: ash-Shirbiini ibn Faaiq)

Koraanin ja *sunnan* oppineet ovat laatineet ehtoja sille, että heikon hadithin mukaan toimimisesta tulisi sallittua. Tavallisen muslimin on hyvä tietää, että hän ei voi tehdä suoraa oletusta ja laittaa heikkoa hadithia automaattisesti käytäntöön. On myös huomautettava, että on eri asia toimia kaikkien heikkojen hadithien mukaisesti kuin vain sellaisten, joiden teoille on jo muualla toinen autenttinen lähde. Shaykh Abdu-l-Kariim al-Khudair - Allah armahtakoon hänet - mainitsi ehdot sille, että heikon hadithin mukaan toimimisesta tulisi sallittua sanoen:

الأَوَّلُ: أَنْ يَكُونَ الضَّعْفُ غَيْرَ شَدِيد، فَيَخْرُجُ مَنْ انْفَرَدَ مِنَ الكَذَّابِينَ وَالمُتَّهَمِينَ بِالكَذِب، وَمَنْ فَحُشَ غَلَطُهُ...
الثَّانِي: أَنْ يَكُونَ الضَّعِيفُ مُنْدَرِجًا تَحْتَ أَصْلٍ عَام، فَيَخْرُجُ مَا يُخْتَرَعُ بِحَيْثُ لا يَكُونُ لَهُ أَصْلٌ مَعْمُولٌ بِهِ أَصْلًا.
الثَّالِثُ: أَنْ لا يَعْتَقِدَ عِنْدَ العَمَلِ بِهِ ثُبُوتَهُ، لِئَلا يُنْسَبَ إِلَى النَّبِيِّ ﷺ، بَلْ يَعْتَقِدِ الاحْتِيَاطَ.
الرَّابِعُ: أَنْ يَكُونَ مَوْضُوعُ الحَدِيثِ الضَّعِيفِ فِي فَضَائِلِ الأَعْمَالِ.
الخَامِسُ: أَنْ لا يُعَارِضَ حَدِيثًا صَحِيحًا.
السَّادِسُ: أَنْ لا يَعْتَقِدَ سُنِّيَّةَ مَا يَدُلُّ عَلَيْهِ.

“**1.** Heikkouden ei tule olla vakava. Tästä siis sulkeutuvat pois valehtelijat ja valehtelijoiksi epäillyt, jotka ovat yksin (kertojia jossakin kertomaketjun vaiheessa) sekä ne, joilla on paljon virheitä - -.
2. Heikon hadithin (aiheen) tulee kuulua yleisen periaatteen alle (joka on jo vahvistettu autenttisista haditheista). Tästä siis sulkeutuvat pois sepitykset, joilla ei ole pohjaa, johon toiminta perustuisi.
3. Hadithia käytettäessä ei tule uskoa, että se olisi autenttinen, jotta sitä ei vahingossa pidettäisi profeetan ﷺ tuomana lakina. Sen sijaan hän tukeutuu varovaisuuteen.
4. Heikon hadithin aiheena tulee olla tekojen hyveellisyys.
5. Heikko hadith ei saa olla ristiriidassa autenttisen hadithin kanssa.
6. Ei tule uskoa, että hadithin osoittama teko on *sunna*.”

(Al-Hadith ad-da'if wa-hukm al-ihtijaj bihi 1/275, Abdu-l-Kariim al-Khudairi)

toiset askeettisuudesta, toiset käytöstavoista ja toiset saarnoista. Kaikkissa näissä on hyviä tarkoitusperiä ja Allah olkoon tyytyväiden niihin, jotka niitä tavoittelivat.

Näin tarpeelliseksi koota neljäkymmentä hadithia, jotka ovat tärkeämpiä kuin mikään edellä mainituista. Nämä ovat neljäkymmentä hadithia, jotka sisältävät kaikki nuo aiheet. Jokainen hadith sisältää suuren uskontoon liittyvän periaatteen. Oppineet ovat kuvailleet näitä (haditheja) siten, että ne muodostavat islamin perustan, tai ne ovat puolet tai kolmasosa islamista tai jotain vastaavaa.

Sitoudun noudattamaan (näiden hadithien valitsemisessa), että nämä neljäkymmentä hadithia ovat autenttisia tai suurin osa niistä ovat kahdessa autenttisessa - al-Bukharin ja Muslimin kokoelmissa. Mainitsen ne ilman kertomaketjuja, jotta niiden ulkoaopettelu olisi helppoa ja hyödyllistä, jos Allah - Korkein - suo. Liitän niihin myös osion niiden epäselkeiden sanojen selventämiseksi.

Jokaisen, joka toivoo (menestyksekästä) tuonpuoleista, tulisi tietää nämä hadithit, koska ne sisältävät tärkeitä perusteita ja antavat huomiota kaikille kuuliaisuuden muodoille. Tämä on ilmeistä niille, jotka pohdiskelevat niitä.

Ja tukeudun Allahiin, Hänelle luovutan asiani ja Häneen turvaudun. Hänelle kuuluvat kaikki kiitokset, kunnia ja siunaukset. Menestys ja suoja on vain Hänen ansiostaan.

صَالِحَةٌ رَضِيَ اللَّهُ عَنْ قَاصِدِيهَا.

وَقَدْ رَأَيْتُ جَمْعَ أَرْبَعِينَ أَهَمَّ مِنْ هَذَا كُلِّهِ؛ وَهِيَ أَرْبَعُونَ حَدِيثًا مُشْتَمِلَةً عَلَى جَمِيعِ ذَلِكَ، وَكُلُّ حَدِيثٍ مِنْهَا قَاعِدَةٌ عَظِيمَةٌ مِنْ قَوَاعِدِ الدِّينِ، وَقَدْ وَصَفَهُ الْعُلَمَاءُ بِأَنَّ مَدَارَ الإِسْلَامِ عَلَيْهِ أَوْ هُوَ نِصْفُ الإِسْلَامِ أَوْ ثُلُثُهُ أَوْ نَحْوُ ذَلِكَ.

ثُمَّ أَلْتَزِمُ فِي هَذِهِ الأَرْبَعِينَ أَنْ تَكُونَ صَحِيحَةً وَمُعْظَمُهَا فِي «صَحِيحَي الْبُخَارِي وَمُسْلِمٍ»، وَأَذْكُرُهَا مَحْذُوفَةَ الأَسَانِيدِ؛ لِيَسْهُلَ حِفْظُهَا وَيَعُمَّ الانْتِفَاعُ بِهَا إِنْ شَاءَ اللَّهُ تَعَالَى، ثُمَّ أُتْبِعُهَا بِبَابٍ فِي ضَبْطِ خَفِيِّ أَلْفَاظِهَا.

وَيَنْبَغِي لِكُلِّ رَاغِبٍ فِي الآخِرَةِ أَنْ يَعْرِفَ هَذِهِ الأَحَادِيثَ؛ لِمَا اشْتَمَلَتْ عَلَيْهِ مِنَ الْمُهِمَّاتِ، وَاحْتَوَتْ عَلَيْهِ مِنَ التَّنْبِيهِ عَلَى جَمِيعِ الطَّاعَاتِ، وَذَلِكَ ظَاهِرٌ لِمَنْ تَدَبَّرَهُ.

وَعَلَى اللَّهِ اعْتِمَادِي، وَإِلَيْهِ تَفْوِيضِي وَاسْتِنَادِي، وَلَهُ الْحَمْدُ وَالنِّعْمَةُ، وَبِهِ التَّوْفِيقُ وَالْعِصْمَةُ.

1. hadith: Teot arvioidaan aikomuksen mukaan

Uskovaisten johtajalta Abu Hafs Umar ibn al-Khattabilta - Allah olkoon tyytyväinen häneen - on raportoitu, että hän sanoi: "Kuulin Allahin sanansaattajan ﷺ sanovan:

'Teot arvioidaan aikomuksen perusteella ja jokainen tullaan palkitsemaan hänen aikomuksensa mukaisesti. Täten hänen muuttonsa[1] , joka muutti Allahin ja Hänen sanansaattajansa ﷺ vuoksi, on tehty Allahin ja Hänen sanansaattajansa ﷺ vuoksi. Ja hän, jonka muutto oli tehty maallisen hyödyn vuoksi tai naisen vuoksi, jonka kanssa hän voisi mennä naimisiin - hänen muuttonsa on sen arvoinen (palkkiossa)**, minkä vuoksi hän muutti.'"**

Tämän (hadithin) raportoi kaksi hadith-oppineiden imaamia: (1) Abu Abdillah Muhammad ibn Ismaiil ibn Ibrahim ibn ul-Mughiira ibn Bardizbah al-Bukhari sekä (2) Abu al-Husayn Muslim ibn al-Hajjaaj ibn Muslim al-Qushayri an-Naysaabuuri heidän kahdessa autenttisessaan (*Sahih al-Bukhari* 1 ja *Sahih Muslim* 1907), jotka ovat autenttisimmat kirjoitetuista (hadith-alan) kirjoista.

الحَدِيثُ الأَوَّلُ: الأَعْمَالُ بِالنِّيَّاتِ

عَنْ أَمِيرِ الْمُؤْمِنِينَ، أَبِي حَفْصٍ - عُمَرَ بْنِ الْخَطَّابِ - رَضِيَ اللهُ عَنْهُ - قَالَ: سَمِعْتُ رَسُولَ اللَّهِ ﷺ يَقُولُ:

«إِنَّمَا الْأَعْمَالُ بِالنِّيَّاتِ وَإِنَّمَا لِكُلِّ امْرِئٍ مَا نَوَى، فَمَنْ كَانَتْ هِجْرَتُهُ إِلَى اللَّهِ وَرَسُولِهِ، فَهِجْرَتُهُ إِلَى اللَّهِ وَرَسُولِهِ، وَمَنْ كَانَتْ هِجْرَتُهُ لِدُنْيَا يُصِيبُهَا أَوِ امْرَأَةٍ يَنْكِحُهَا، فَهِجْرَتُهُ إِلَى مَا هَاجَرَ إِلَيْهِ»

رَوَاهُ إِمَامَا الْمُحَدِّثِينَ أَبُو عَبْدِ اللَّهِ مُحَمَّدُ بْنُ إِسْمَاعِيلَ بْنِ إِبْرَاهِيمَ بْنِ الْمُغِيرَةِ بْنِ بَرْدِزْبَهْ الْبُخَارِيُّ، وَأَبُو الْحُسَيْنِ مُسْلِمُ بْنُ الْحَجَّاجِ بْنِ مُسْلِمٍ الْقُشَيْرِيُّ النَّيْسَابُورِيُّ فِي «صَحِيحَيْهِمَا» اللَّذَيْنِ هُمَا أَصَحُّ الْكُتُبِ الْمُصَنَّفَةِ.

2. hadith: Islam, usko ja erinomaisuus

Umarilta - Allah olkoon tyytyväinen häneen - on myös raportoitu, että hän sanoi: "Kun me olimme istumassa eräänä päivänä Allahin sanansaattajan ﷺ kanssa, luoksemme tuli mies, joka oli pukeutunut

الحَدِيثُ الثَّانِي: الإِسْلَامُ وَالإِيمَانُ وَالإِحْسَانُ

عَنْ عُمَرَ رَضِيَ اللَّهُ عَنْهُ - أَيضًا - قَالَ: «بَيْنَمَا نَحْنُ عِنْدَ رَسُولِ اللَّهِ ﷺ ذَاتَ يَوْمٍ، إِذْ طَلَعَ عَلَيْنَا رَجُلٌ شَدِيدُ بَيَاضِ الثِّيَابِ، شَدِيدُ سَوَادِ

[1] *Hijra*: kun muslimit saivat käskyn muuttaa Mekasta Medinaan.

erittäin valkoisiin vaatteisiin ja hänellä oli todella mustat hiukset. Hänessä ei näkynyt mitään matkustuksen jälkeä eikä kukaan meistä tuntenut häntä. Hän istui alas lähelle profeettaa ﷺ, lepäsi polvillaan profeetan ﷺ polvien eteen ja asetti kätensä hänen ﷺ reisilleen ja sanoi: ‘Oi Muhammad, kerro minulle islamista.’ Allahin sanansaattaja ﷺ vastasi:

Islam on sitä, että todistat, ettei ole muuta palvomisen arvoista jumalaa kuin Allah ja Muhammad on Hänen sanan-saattajansa ja suoritat rukoukset, annat almuveron, paastoat ***ramadanin*** (kuukauden) **ja suoritat pyhiinvaelluksen taloon** (eli Ka’baan, Mekkaan)**, jos kykenet ottamaan sen tien** (taloudellisesti ja fyysisesti)**.’**

Hän (mies) sanoi: ‘Olet puhunut totta.’” (Umar) sanoi: “Me olimme ihmeissämme hänen kyselystään profeetalle ﷺ ja siitä, että hän kertoi hänen (eli profeetan ﷺ) olevan oikeassa. (Sitten) hän (eli tämä mies) sanoi: ‘Kerro minulle uskosta (*al-iimaanista*).’ Hän ﷺ vastasi:

‘Usko on sitä, että uskot Allahiin, Hänen enkeleihinsä, Hänen kirjoihinsa, Hänen sanansaattajiinsa, viimeiseen päivään ja kohtaloon - sen hyvään ja sen pahaan[1] ’.

Hän (mies) sanoi: ‘Olet puhunut totta’.

الشَّعْرِ، لَا يُرَى عَلَيْهِ أَثَرُ السَّفَرِ، وَلَا يَعْرِفُهُ مِنَّا أَحَدٌ، حَتَّى جَلَسَ إِلَى النَّبِيِّ ﷺ، فَأَسْنَدَ رُكْبَتَيْهِ إِلَى رُكْبَتَيْهِ، وَوَضَعَ كَفَّيْهِ عَلَى فَخِذَيْهِ، وَقَالَ: يَا مُحَمَّدُ، أَخْبِرْنِي عَنِ الْإِسْلَامِ، فَقَالَ رَسُولُ اللَّهِ ﷺ:

«الْإِسْلَامُ: أَنْ تَشْهَدَ أَنْ لَا إِلَهَ إِلَّا اللَّهُ، وَأَنَّ مُحَمَّدًا رَسُولُ اللَّهِ، وَتُقِيمَ الصَّلَاةَ، وَتُؤْتِيَ الزَّكَاةَ، وَتَصُومَ رَمَضَانَ، وَتَحُجَّ الْبَيْتَ إِنِ اسْتَطَعْتَ إِلَيْهِ سَبِيلًا».

قَالَ: صَدَقْتَ، قَالَ: فَعَجِبْنَا لَهُ يَسْأَلُهُ وَيُصَدِّقُهُ. قَالَ: فَأَخْبِرْنِي عَنِ الْإِيمَانِ. قَالَ:

«أَنْ تُؤْمِنَ بِاللَّهِ، وَمَلَائِكَتِهِ، وَكُتُبِهِ، وَرُسُلِهِ، وَالْيَوْمِ الْآخِرِ، وَتُؤْمِنَ بِالْقَدَرِ خَيْرِهِ وَشَرِّهِ».

قَالَ: صَدَقْتَ. قَالَ: فَأَخْبِرْنِي عَنِ الْإِحْسَانِ، قَالَ:

«أَنْ تَعْبُدَ اللَّهَ كَأَنَّكَ تَرَاهُ، فَإِنْ لَمْ تَكُنْ تَرَاهُ، فَإِنَّهُ يَرَاكَ».

قَالَ: فَأَخْبِرْنِي عَنِ السَّاعَةِ؟ قَالَ:

[1] Jokaisessa pahassa tapahtumassa on viisaus takana ja jokin hyvä seuraus, joka siitä aiheutuu. Pahuus ei ole Allahin teoista, vaan sitä tapahtuu Hänen luotujensa keskuudessa ja Allah sallii pahuuden tapahtua siitä seuraavan hyvän ja viisauden takia, vaikka ihmiset eivät näkisi sitä (ks. *al-Qawl al-mufiid ‘alaa kitaab at-tawhiid*). Uskovainen siis muistaa tämän onnettomuudenkin aikana, eikä hän vaivu epätoivoon, vaikka hän tuntisi surua. Jokaisessa tilanteessa on vähintään jokin opetus takana tai tilaisuus kääntyä Allahin puoleen. Joskus onnettomuus voi muuttaa ihmisen elämän parempaan suuntaan, jos hän osaa asennoitua siihen oikein. Monelle onnettomuus on myös herätys palata Allahin tielle. Tässä on myös syytä muistuttaa, että Allah sanoi:

﴿إِنَّ رَبَّكَ عَلِيمٌ حَكِيمٌ﴾

“Totisesti, Valtiaasi on Kaikkitietävä, Viisain.” (12:6)

Sitten hän sanoi: 'Kerro minulle erinomaisuudesta (*al-ihsaanista*).' Hän ﷺ vastasi:

'Se on sitä, että palvot Allahia kuin näkisit Hänet ja vaikka et näe Häntä, niin (tiedostat)**, että Hän näkee sinut.'**

Hän (mies) sanoi: 'Kerro minulle (viimeisestä) tunnista.' Hän ﷺ vastasi:

'Hän, jolta kysytään, ei tiedä sen enempää kuin kysyjä.'

Joten hän (mies) sanoi: 'Kerro minulle (viimeisen päivän lähestymisen) merkeistä'. Hän ﷺ vastasi:

'Orjatyttö tulee synnyttämään hänen emäntänsä ja tulet näkemään paljasjalkaisten, alastomien, rutiköyhien paimenten kilpailevan korkeiden rakennusten rakentamisesta.'"

Hän (eli Umar) sanoi: "Sitten mies lähti. Odotin hetken ja sitten profeetta ﷺ sanoi minulle:

'Oi Umar, tiedätkö kuka tuo kysyjä oli?'

Vastasin: 'Allah ja Hänen sanansaattajansa tietävät parhaiten.' Hän ﷺ sanoi:

'Tuo oli (enkeli) **Jibril. Hän tuli teidän luoksenne opettamaan teille teidän uskontoanne.'"**

Tämän raportoi Muslim (8).

«مَا الْمَسْئُولُ عَنْهَا بِأَعْلَمَ مِنَ السَّائِلِ».

قَالَ: فَأَخْبِرْنِي عَنْ أَمَارَتِهَا؟. قَالَ:

«أَنْ تَلِدَ الْأَمَةُ رَبَّتَهَا، وَأَنْ تَرَى الْحُفَاةَ الْعُرَاةَ الْعَالَةَ رِعَاءَ الشَّاءِ يَتَطَاوَلُونَ فِي الْبُنْيَانِ»،

قال ثُمَّ انْطَلَقَ، فَلَبِثْتُ مَلِيًّا، ثُمَّ قَالَ لِي:

«يَا عُمَرُ، أَتَدْرِي مَنِ السَّائِلُ؟»

قُلْتُ: اللَّهُ وَرَسُولُهُ أَعْلَمُ. قَالَ:

«فَإِنَّهُ جِبْرِيلُ أَتَاكُمْ يُعَلِّمُكُمْ دِينَكُمْ».

رَوَاهُ مُسْلِمٌ (٨).

3. hadith: Islamin pilarit

Abu Abdur-Rahmaan Abdullah - Umar ibn al-Khattabin poika, Allah olkoon tyytyväinen heihin[1], sanoi: "Kuulin Allahin sanansaattajan ﷺ sanovan:

'Islam rakentuu viidestä (pilarista): (1) **todistaminen, ettei ole muuta jumalaa palvomisen arvoista kuin Allah ja että Muhammad on hänen palvelijansa ja sanansaattajansa,** (2) **rukousten suorittaminen,** (3) **almuveron antaminen,** (4) **pyhiinvaelluksen suorittaminen taloon** (5) **ja *ramadanin* paastoaminen.'"**

Tämän raportoi al-Bukhari (8) ja Muslim (16).

الحَدِيثُ الثَّالِثُ: أَرْكَانُ الإِسْلَامِ

عَنْ أَبِي عَبْدِ الرَّحْمَنِ، عَبْدِ اللَّهِ بْنِ عُمَرَ بْنِ الخَطَّابِ ـ رَضِيَ اللهُ عَنْهُما ـ قَالَ: سَمِعْتُ رَسُولَ اللَّهِ ﷺ يَقُولُ:

«بُنِيَ الإِسْلَامُ عَلَى خَمْسٍ: شَهَادَةِ أَنْ لَا إِلَهَ إِلَّا اللَّهُ، وَأَنَّ مُحَمَّدًا عَبْدُهُ وَرَسُولُهُ، وَإِقَامِ الصَّلَاةِ، وَإِيتَاءِ الزَّكَاةِ، وَحَجِّ الْبَيْتِ، وَصَوْمِ رَمَضَانَ»،

رَوَاهُ البُخَارِيُّ (٨)، وَمُسْلِمٌ(١٦).

4. hadith: Kohtalo

Abu 'Abdur-Rahman 'Abdullah ibn Mas'uud - Allah olkoon tyytyväinen häneen - sanoi, että Allahin sanansaattaja ﷺ kertoi meille - ja hän on totuudenmukainen ja totuudenmukaiseksi vahvistettu:

"Totisesti jokainen teistä on luotu äitinsä kohdussa (ensin) **neljänkymmenen päivän ajan, sitten** (sikiötä luodaan) **saman ajanjakson ajan sen ollessa hyytynyttä verta, sitten saman ajanjakson verran sen ollessa 'lihanpalasena', jonka jälkeen Allah lähettää sen luokse enkelin, joka puhaltaa siihen** (ihmisen) **sielun. Ja silloin** (enkeliä) **käsketään neljään asiaan:** (1) **kirjoittamaan ylös hänen** (ihmisen) **toimeentulonsa ja siunauksensa** (*rizq*), (2) **hänen elinaikansa,** (3) **hänen tekonsa ja** (4) **sen, että tuleeko hän olemaan onnellinen vai onneton** (eli tuleeko hän pääsemään paratiisiin vai ei).

الحَدِيثُ الرَّابِعُ: القَضَاءُ وَالقَدَرُ

عَنْ أَبِي عَبْدِ الرَّحْمَنِ، عَبْدِ اللَّهِ بْنِ مَسْعُودٍ ـ رَضِيَ اللهُ عَنْهُ ـ قَالَ: حَدَّثَنَا رَسُولُ اللَّهِ ﷺ وَهُوَ الصَّادِقُ الْمَصْدُوقُ:

«إِنَّ أَحَدَكُمْ يُجْمَعُ خَلْقُهُ فِي بَطْنِ أُمِّهِ أَرْبَعِينَ يَوْمًا، ثُمَّ يَكُونُ عَلَقَةً مِثْلَ ذَلِكَ، ثُمَّ يَكُونُ مُضْغَةً مِثْلَ ذَلِكَ، ثُمَّ يُرْسِلُ اللَّهُ إِلَيْهِ الْمَلَكَ، فَيَنْفُخُ فِيهِ الرُّوحَ وَيُؤْمَرُ بِأَرْبَعِ كَلِمَاتٍ: بِكَتْبِ رِزْقِهِ وَأَجَلِهِ وَعَمَلِهِ وَشَقِيٌّ أَوْ سَعِيدٌ.

فَوَاللَّهِ الَّذِي لَا إِلَهَ غَيْرُهُ إِنَّ أَحَدَكُمْ لَيَعْمَلُ بِعَمَلِ أَهْلِ الْجَنَّةِ حَتَّى مَا يَكُونُ بَيْنَهُ وَبَيْنَهَا إِلَّا ذِرَاعٌ، فَيَسْبِقُ عَلَيْهِ الْكِتَابُ فَيَعْمَلُ بِعَمَلِ أَهْلِ النَّارِ فَيَدْخُلُهَا،

[1] Tässä käännöksessä, aivan kuin an-Nawawin tekstissäkin on käytetty heihin-sanaa kohdissa, joissa raportoijan nimi sisältää kaksi eri uskovaista seuralaista, kuten Abdullah *ibn* Umar eli Abdullah, joka oli Umarin poika.

Joten kautta Allahin, jonka lisäksi ei ole muuta (palvomisen arvoista) **jumalaa, totisesti joku teistä suorittaa paratiisin ihmisten tekoja, kunnes hänen ja sen välillä ei ole kuin kyynärmitta. Mutta sitten se, mitä hänelle on kirjoitettu valloittaa hänet, ja hän tekee helvetin tulen ihmisten tekoja** (omasta tahdostaan), **joten hän tulee astumaan sinne.**

Ja totisesti, joku teistä tekee helvetin tulen ihmisten tekoja, kunnes hänen ja sen välillä on vain kyynärmitta. Sitten se, mitä on kirjoitettu hänelle valloittaa hänet[1], ja hän tekee paratiisin ihmisten tekoja, joten hän tulee astumaan sinne.”[2]

Tämän raportoi al-Bukhari (3208) ja Muslim (2643).

وَإِنَّ أَحَدَكُمْ لَيَعْمَلُ بِعَمَلِ أَهْلِ النَّارِ حَتَّى مَا يَكُونُ بَيْنَهُ وَبَيْنَهَا إِلَّا ذِرَاعٌ، فَيَسْبِقُ عَلَيْهِ الْكِتَابُ فَيَعْمَلُ بِعَمَلِ أَهْلِ الْجَنَّةِ فَيَدْخُلُهَا»

رَوَاهُ الْبُخَارِيُّ (٣٢٠٨)، وَمُسْلِمٌ (٢٦٤٣).

5. hadith: Innovaatio uskonnossa

الحَدِيثُ الخَامِسُ: البِدْعَةُ فِي الدِّينِ

Uskovaisten äidiltä Umm Abdillah Aishalta - Allah olkoon tyytyväinen häneen - on raportoitu, että hän sanoi, että Allahin sanansaattaja ﷺ sanoi:

“Hän, joka tekee jonkun uudistuksen (*bid'ah*) **meidän asiaamme** (eli islamiin), **joka ei ole siitä lähtöisin, tulee saamaan sen hylätyksi** (eli Allah ei hyväksy sitä tekoa).”

Tämän raportoi al-Bukhari (2697) ja Muslim (1718). Ja eräässä Muslimin raportissa (profeetta ﷺ sanoi):

“Hän, joka tekee teon, joka ei ole meidän asiamme mukainen, tulee saamaan sen hylätyksi.”

عَنْ أُمِّ الْمُؤْمِنِينَ، أُمِّ عَبْدِ اللَّهِ، عَائِشَةَ - رَضِيَ اللَّهُ عَنْهَا - قَالَتْ: قَالَ رَسُولُ اللَّهِ ﷺ:

«مَنْ أَحْدَثَ فِي أَمْرِنَا هَذَا مَا لَيْسَ مِنْهُ فَهُوَ رَدٌّ»

رَوَاهُ الْبُخَارِيُّ (٢٦٩٧)، وَمُسْلِمٌ (١٧١٨). وَفِي رِوَايَةٍ لِمُسْلِمٍ:

«مَنْ عَمِلَ عَمَلًا لَيْسَ عَلَيْهِ أَمْرُنَا فَهُوَ رَدٌّ».

[1] Eli hän tekee katumuksen, jos hän oli jo muslimi, tai tulee muslimiksi, jos hän oli epäuskovainen. Tämän jälkeen hän tekee valinnan alkaa toimimaan paratiisin ihmisten tekojen mukaisesti.

[2] Tämä hadith ei viittaa siihen, etteikö ihminen olisi itse hän, jolla on vapaa tahto toimia omien päätöstensä mukaisesti, vaan siihen,

että Allah tietää jo etukäteen, mitä henkilö tulee tekemään tässä maailmassa. Omien tekojemme avulla voimme vaikuttaa siihen, antaako Allah meille johdatusta ja apua. Tähän tietenkin vaikuttaa johdatuksen pyytäminen Allahilta, kuten resitoimme *suurah al-Faatihassa*:

﴿ٱهْدِنَا ٱلصِّرَٰطَ ٱلْمُسْتَقِيمَ﴾

"Johdata meitä oikealle tielle." (1:6)

Ja Allah, Korkein, sanoi:

﴿ذَٰلِكَ بِأَنَّ ٱللَّهَ لَمْ يَكُ مُغَيِّرًا نِّعْمَةً أَنْعَمَهَا عَلَىٰ قَوْمٍ حَتَّىٰ يُغَيِّرُوا۟ مَا بِأَنفُسِهِمْ﴾

"Näin on, koska Allah ei suo siunausta ihmisten ylle, kunnes he vaihtavat, mitä on heidän sisällään." (8:53)

Ja Hän sanoi:

﴿وَأَن لَّيْسَ لِلْإِنسَٰنِ إِلَّا مَا سَعَىٰ﴾

"Ja totisesti, ei ole ihmiselle muuta kuin sitä, minkä eteen hän tekee työtä." (53:39)

Ja Hän sanoi:

﴿مَّنْ عَمِلَ صَٰلِحًا فَلِنَفْسِهِۦ ۖ وَمَنْ أَسَآءَ فَعَلَيْهَا ۗ وَمَا رَبُّكَ بِظَلَّٰمٍ لِّلْعَبِيدِ﴾

"Kuka ikinä tekee hyvää, hänelle se koituu (hänen oman sielunsa) hyväksi ja kuka ikinä tekee pahaa, hänelle se koituu (hänen oman sielunsa) vahingoksi. Ja Valtiaasi ei tee (koskaan) vääryyttä palvelijoille." (41:46)

Abu Dharr - Allah olkoon tyytyväinen häneen - raportoi, että profeetta ﷺ sanoi, että Allah sanoi:

يَا عِبَادِي إِنَّمَا هِيَ أَعْمَالُكُمْ أُحْصِيهَا لَكُمْ ثُمَّ أُوَفِّيكُمْ إِيَّاهَا فَمَنْ وَجَدَ خَيْرًا فَلْيَحْمَدِ اللَّهَ وَمَنْ وَجَدَ غَيْرَ ذَلِكَ فَلاَ يَلُومَنَّ إِلاَّ نَفْسَهُ.

"Oi Minun palvelijani, ne ovat vain teidän tekonne, jotka lasken teille ja sitten hyvitän ne teille, joten ylistäköön hän Allahia, joka löytää hyvää. Ja joka löytää muuta, olkoon hän syyttämättä ketään muuta kuin itseään."

(*Sahih Muslim* 2577)

Ja Allah sanoi:

﴿وَمَآ أَصَٰبَكُم مِّن مُّصِيبَةٍ فَبِمَا كَسَبَتْ أَيْدِيكُمْ وَيَعْفُوا۟ عَن كَثِيرٍ﴾

"Ja mikä vastoinkäyminen teitä ikinä kohtaa, se on teidän omien käsienne ansiosta ja Hän antaa monta (tekoa) anteeksi." (42:30)

Ja Hän sanoi:

﴿وَلَوْ يُؤَاخِذُ ٱللَّهُ ٱلنَّاسَ بِمَا كَسَبُوا۟ مَا تَرَكَ عَلَىٰ ظَهْرِهَا مِن دَآبَّةٍ﴾

"Ja jos Allah rankaisisi ihmisiä sen mukaan, mitä he ansaitsevat, Hän ei jättäisi ainuttakaan liikkuvaa olentoa maan päälle." (35:45)

Ja Hän sanoi:

﴿فَمَن شَآءَ فَلْيُؤْمِن وَمَن شَآءَ فَلْيَكْفُرْ﴾

"Joten kuka ikinä tahtoo (uskoa), niin uskokoon, ja kuka ikinä tahtoo (epäuskoa), niin epäuskokoon." (18:29)

﴿وَمَن يَتَّقِ ٱللَّهَ يَجْعَل لَّهُۥ مَخْرَجًا﴾

"Ja kellä tahansa on tietoisuutta (taqwaa) Allahia kohtaan, Allah tulee tekemään hänelle tien ulos

﴿وَيَرْزُقْهُ مِنْ حَيْثُ لَا يَحْتَسِبُ﴾

ja antamaan hänelle elantoa ja siunauksia (rizq) sieltä, mistä hän ei olettanut." (65:2-3)

Oppineet sanovat, että silloin, kun nämä neljä asiaa kirjoitetaan ihmisen ollessa kohdussa, enkeli asettaa niihin Allahin luvalla ehdot. Jos henkilö tulee toimimaan tietyllä käytöksellä, niin hänelle annettu hyvä tulee kasvamaan.

6. hadith: Sallittu ja kielletty on selvää

الحَدِيثُ السَّادِسُ: الحَلَالُ بَيِّنٌ والحَرامُ بَيِّنٌ

Abu Abdullah an-Nu'man ibn Bashiirilta - Allah olkoon tyytyväinen heihin - on raportoitu, että hän sanoi: "Kuulin Allahin sanansaattajan ﷺ sanovan:

'Totisesti se, mikä on sallittua on selvää ja se, mikä on kiellettyä on selvää ja näiden kahden välissä on kyseenalaisia asioita, joista monet ihmisistä eivät tiedä.

Täten, kuka ikinä välttää kyseenalaisia asioita, pitää uskontonsa ja kunniansa puhtaana. Mutta hän, joka lankeaa kyseenalaisiin asioihin, lankeaa kiellettyyn kuin paimen, joka vie karjansa laitumelle pyhäkön ympärille ja on lähellä päätyä sinne (kielletylle alueelle).

Totisesti, joka kuninkaalla on pyhäkkönsä ja totisesti Allahin pyhäkkö on Hänen kieltonsa. Totisesti, kehossa on pala lihaa. Jos se on terve, koko keho on terve ja jos se on turmeltunut, niin koko keho on turmeltunut. Totisesti, se on sydän.'"

Tämän raportoi al-Bukhari (52) ja Muslim (1599).

عَنْ أَبِي عَبْدِ اللَّهِ، النُّعْمَانِ بْنِ بَشِيرٍ - رَضِيَ اللَّهُ عَنْهُمَا - قَالَ: سَمِعْتُ رَسُولَ اللَّهِ ﷺ يَقُولُ:

«إِنَّ الْحَلَالَ بَيِّنٌ وَإِنَّ الْحَرَامَ بَيِّنٌ، وَبَيْنَهُمَا مُشْتَبِهَاتٌ، لَا يَعْلَمُهُنَّ كَثِيرٌ مِنَ النَّاسِ،

فَمَنِ اتَّقَى الشُّبُهَاتِ اسْتَبْرَأَ لِدِينِهِ وَعِرْضِهِ، وَمَنْ وَقَعَ فِي الشُّبُهَاتِ وَقَعَ فِي الْحَرَامِ، كَالرَّاعِي يَرْعَى حَوْلَ الْحِمَى يُوشِكُ أَنْ يَرْتَعَ فِيهِ،

أَلَا وَإِنَّ لِكُلِّ مَلِكٍ حِمًى، أَلَا وَإِنَّ حِمَى اللَّهِ مَحَارِمُهُ، أَلَا وَإِنَّ فِي الْجَسَدِ مُضْغَةً إِذَا صَلَحَتْ صَلَحَ الْجَسَدُ كُلُّهُ، وَإِذَا فَسَدَتْ فَسَدَ الْجَسَدُ كُلُّهُ، أَلَا وَهِيَ الْقَلْبُ»

رَوَاهُ الْبُخَارِيُّ (٥٢)، وَمُسْلِمٌ (١٥٩٩).

7. hadith: Uskonto on vilpittömyyttä

الحَدِيثُ السَّابِعُ: الدِّينُ النَّصِيحَةُ

Abu Ruqayyah Tamiim ibn Aus ad-Daariilta - Allah olkoon tyytyväinen häneen - on raportoitu, että profeetta ﷺ sanoi:

"Uskonto on *nasiihah* (vilpittömyyttä / neuvoa)**."**

عَنْ أَبِي رُقَيَّةَ، تَمِيمِ بْنِ أَوْسٍ الدَّارِيِّ -رَضِيَ اللهُ عَنْهُ - أَنَّ النَّبِيَّ ﷺ قَالَ:

«الدِّينُ النَّصِيحَةُ»

Me sanoimme: “Kenelle?” Hän ﷺ sanoi:

قُلْنَا: لِمَنْ؟ قَالَ:

“Allahille[1], Hänen kirjalleen[2] ja Hänen lähettiläälleen[3] ja muslimien johtajille sekä tavallisille muslimeille[4].”

«لِلَّهِ وَلِكِتَابِهِ وَلِرَسُولِهِ وَلِأَئِمَّةِ الْمُسْلِمِينَ وَعَامَّتِهِمْ»

Tämän raportoi Muslim (55).

رَوَاهُ مُسْلِمٌ (٥٥).

8. hadith: Kamppailu Allahin tiellä

الحَدِيثُ الثَّامِنُ: الجِهَادُ فِي سَبِيلِ اَللَّهِ

Abdullah ibn Umarilta - Allah olkoon tyytyväinen heihin - on raportoitu, että Allahin sanansaattaja ﷺ sanoi:

عَنِ عَبْدِ اللَّهِ بْنِ عُمَرَ - رَضِيَ اللهُ عَنْهُمَا - أَنَّ رَسُولَ اللَّهِ ﷺ قَالَ:

“Minut on lähetetty taistelemaan ihmisiä vastaan (jotka riistävät uskonnon vapautta, eivät salli sen jakamista ja vainoavat uskovaisia), **kunnes he** (jotka tahtovat[5]) **todistavat, ettei ole muuta jumalaa palvomisen arvoista kuin Allah ja Muhammad on Allahin sanansaattaja. Ja kunnes he** (eli muslimit heistä) **suorittavat rukoukset ja antavat almuveron.**

«أُمِرْتُ أَنْ أُقَاتِلَ النَّاسَ حَتَّى يَشْهَدُوا أَنْ لَا إِلَهَ إِلَّا اللَّهُ، وَأَنَّ مُحَمَّدًا رَسُولُ اللَّهِ، وَيُقِيمُوا الصَّلَاةَ، وَيُؤْتُوا الزَّكَاةَ،

Ja jos he tekevät sen, niin he ovat saaneet minulta suojan heidän elämälleen ja omaisuudelleen paitsi, jos he rikkovat oikeuksia islamissa[6] ja heidän tuomionsa kuuluu Allahille.” [7]

فَإِذَا فَعَلُوا ذَلِكَ، عَصَمُوا مِنِّي دِمَاءَهُمْ وَأَمْوَالَهُمْ، إِلَّا بِحَقِّ الإِسْلَامِ، وَحِسَابُهُمْ عَلَى اللَّهِ تَعَالَى»

Tämän raportoi al-Bukhari (25) ja Muslim (21).

رَوَاهُ الْبُخَارِيُّ (٢٥)، وَمُسْلِمٌ (٢٢).

[وفي رواية أخرى، ثم قرأ النبي ﷺ هذه الآية:

[1] Eli Allahin luokse, joka tarkoittaa Allahin rajojen suojelemista, tekemällä sitä, mitä Allah on määrännyt, niistä asioista kaukana pysymistä, joita Allah on kieltänyt, Hänen uskontonsa puolustamista ja ihmisten neuvomista.

[2] Eli neuvoa ihmisiä noudattamaan sitä, pitämään sitä elossa ja säilyttämään sitä.

[3] Eli vahvistaa viesti, jonka profeetta ﷺ toi, uskoa kaikkeen, mitä profeetta ﷺ ilmoitti, noudattaa hänen ﷺ käskyjään ja pysyä kaukana asioista, joita hän ﷺ kielsi. Ks. Koraani (59:7).

[4] Eli uskonnossa on neuvot, käskyt ja säädökset heille kaikille.

[5] Ks. Koraani (2:256), (18:29), (28:56).

[6] Eli jos he tekevät teon, joka vaatii islamin lain mukaan rangaistuksen, joka islamilaisella valtiolla ja sen johtajilla on oikeus suorittaa.

[7] Ibn Taymiyyah - Allah armahtakoon hänet - kommentoi tätä perinnettä sanoen:

[Toisessa raportissa profeetta ﷺ resitoi tämän jälkeen jakeen:

“Totisesti, sinä olet vain muistuttaja. Et ole heidän yllään kontrolloija.” (88:21-22)]

[﴿فَذَكِّرْ إِنَّمَآ أَنتَ مُذَكِّرٌ (٢١) لَّسْتَ عَلَيْهِم بِمُصَيْطِرٍ (٢٢)﴾]

9. hadith: Velvollisuus henkilön kyvyn mukaisesti

الحَدِيثُ اَلتَّاسِعُ: التَّكْلِيفُ بِمَا يُسْتَطَاعُ

Abu Hurairah Abdur-Rahman ibn Sakhr - Allah olkoon häneen tyytyväinen - sanoi: “Kuulin Allahin sanansaattajan ﷺ sanovan:

'Mitä olen kieltänyt teitä tekemästä, välttäkää sitä. Ja mitä olen käskenyt teitä tekemään, tehkää sitä kykyjenne mukaan.

Sillä totisesti se, mikä tuhosi nuo (kansat)**, jotka edelsivät teitä oli vain liiallinen kyseenalaistaminen ja se, että he olivat erimielisiä heidän profeettojensa kanssa.”**

Tämän raportoi al-Bukhari (7288) ja Muslim (1337).

عَنْ أَبِي هُرَيْرَةَ، عَبْدِ الرَّحْمَنِ بْنِ صَخْرٍ – رَضِيَ اللهُ عَنْهُ – قَالَ: سَمِعْتُ رَسُولَ اللَّهِ ﷺ يَقُولُ:

«مَا نَهَيْتُكُمْ عَنْهُ، فَاجْتَنِبُوهُ، وَمَا أَمَرْتُكُمْ بِهِ فَأْتُوا مِنْهُ مَا اسْتَطَعْتُمْ،

فَإِنَّمَا أَهْلَكَ الَّذِينَ مِنْ قَبْلِكُمْ كَثْرَةُ مَسَائِلِهِمْ وَاخْتِلَافُهُمْ عَلَى أَنْبِيَائِهِمْ»

رَوَاهُ البُخَارِيُّ (٧٢٨٨)، وَمُسْلِمٌ (١٣٣٧).

مُرَادُهُ قِتَالُ الْمُحَارِبِينَ الَّذِينَ أَذِنَ اللَّهُ فِي قِتَالِهِمْ لَمْ يُرِدْ قِتَالَ الْمُعَاهَدِينَ الَّذِينَ أَمَرَ الله بِوَفَاءِ عَهْدِهِمْ.

“(Tämän perinteen) merkitys on taistella niitä vastaan sodassa, jotka julistavat sodan (muslimeita vastaan), eli joita vastaan Allah on käskenyt meidän taistelemaan. Se ei tarkoita sitä, että taistelemme niitä vastaan, jotka ovat tehneet kanssamme rauhansopimuksen (eli joita vastaan Allah ei ole käskenyt meitä taistelemaan).”

(*Al-Majmu' al-fatawa* 19/20)

Ibn Rajab - Allah armahtakoon hänet - sanoi:

وَالْمَعْنَى إِنَّمَا عَلَيْكَ تَذْكِيرُهُمْ بِاللَّهِ وَدَعْوَتُهُمْ إِلَيْهِ وَلَسْتَ مُسَلَّطًا عَلَى إِدْخَالِ الْإِيمَانِ فِي قُلُوبِهِمْ قَهْرًا وَلَا مُكَلَّفًا بِذَلِكَ.

“Merkitys on se, että velvollisuutesi on vain muistuttaa heitä Allahista ja kutsua heitä (oikealle tielle). Sinulla ei ole valtaa asettaa uskoa heidän sydämiinsä pakolla, etkä ole vastuussa siitä.”

(*Jaami' al-'ulum wal-hikam* 1/236)

Allah sanoi:

10. hadith: Rajoittaminen siihen, mikä on hyvää ja tervettä

Abu Hurairah - Allah olkoon tyytyväinen häneen - sanoi, että Allahin sanansaattaja ﷺ sanoi:

“Totisesti, Allah - Korkein - on hyvä eikä Hän hyväksy kuin sitä, mikä on hyvää. Ja totisesti Allah - Korkein - on määrännyt uskovaisia sillä, millä Hän on määrännyt sanansaattajia, sillä Hän - Korkein - sanoi: *‘Oi sanansaattajat, syökää siitä, mikä on hyvää* *(sallittuja ja puhtaita ruokia)* ***ja suorittakaa hurskaita tekoja.’*** **(23:51) ja Hän - Korkein - sanoi: *‘Oi te, jotka***

الحديثُ العَاشِرُ: الإقْتِصَارُ عَلَى الحَلَالِ الطَّيِّبِ

عَنْ أَبِي هُرَيْرَةَ ـ رَضِيَ اللهُ عَنْهُ ـ قَالَ: قَالَ رَسُولُ اللَّهِ ﷺ:

«إِنَّ اللَّهَ تَعَالَى طَيِّبٌ لَا يَقْبَلُ إِلَّا طَيِّبًا، وَإِنَّ اللَّهَ تَعَالَى أَمَرَ الْمُؤْمِنِينَ بِمَا أَمَرَ بِهِ الْمُرْسَلِينَ، فَقَالَ تعالى: ﴿يَا أَيُّهَا الرُّسُلُ كُلُوا مِنَ الطَّيِّبَاتِ وَاعْمَلُوا صَالِحًا﴾، وَقَالَ تَعَالَى: ﴿يَا أَيُّهَا الَّذِينَ آمَنُوا كُلُوا مِنْ طَيِّبَاتِ مَا رَزَقْنَاكُمْ﴾،

﴿فَإِنِ اعْتَزَلُوكُمْ فَلَمْ يُقَاتِلُوكُمْ وَأَلْقَوْا إِلَيْكُمُ السَّلَمَ فَمَا جَعَلَ اللَّهُ لَكُمْ عَلَيْهِمْ سَبِيلًا﴾

“Jos he irtaantuvat teistä, eivätkä taistele teitä vastaan ja tarjoavat rauhaa, niin Allah ei ole laittanut teille syytä taistella heitä vastaan.” (4:90)

Täten ihmiset, joita vastaan taistellaan ovat nuo, jotka vaativat taistelua, vainoa, väkivaltaa ja vihamielisyyttä islamia ja uskovaisia kohtaan. Samaan aikaan islam ohjaa muslimeita tekemään rauhansopimuksia niiden kanssa, jotka siihen suostuvat. Tämä on ilmeisen selkeää ja profeetan ﷺ tapojen mukaista.

Allah sanoi:

﴿وَإِن جَنَحُوا لِلسَّلْمِ فَاجْنَحْ لَهَا وَتَوَكَّلْ عَلَى اللَّهِ ۚ إِنَّهُ هُوَ السَّمِيعُ الْعَلِيمُ﴾

“Jos vihollinen kallistuu rauhaan, niin kallistu siihen ja luota Allahiin. Totisesti, se on Hän, joka on Kaikkikuuleva, Kaikkitietävä.” (8:61)

Ibn Taymiyyah - Allah armahtakoon hänet - sanoi:

الكُفَّارُ إِنما يُقَاتِلُونَ بِشَرط الحراب كَمَا ذَهَبَ اليهِ جُمْهُور العلماء وَكَمَا دَلَّ عَلَيهِ الكِتَاب وَالسُّنَّة.

“Epäuskovaisia vastaan saa taistella vain sillä ehdolla, että he käyvät sotaa (muslimeita vastaan), ja se on suurimman osan oppineiden mielipide, sillä se (ymmärrys) on selkeää Kirjassa (Koraanissa) ja *sunnassa*.“

(*An-Nubuwat* 1/140)

Ibn al-Qayyim - Allah armahtakoon hänet - sanoi:

وَلَمْ يُكْرِهْ أَحَدًا قَطُّ عَلَى الدِّينِ وَإِنَّمَا كَانَ يُقَاتِلُ مَنْ يُحَارِبُهُ وَيُقَاتِلُهُ وَأَمَّا مَنْ سَالَمَهُ وَهَادَنَهُ فَلَمْ يُقَاتِلْهُ وَلَمْ يُكْرِهْهُ عَلَى الدُّخُولِ فِي دِينِهِ.

“Profeetta ﷺ ei koskaan pakottanut uskontoa kenenkään ylle, vaan taisteli vain niitä vastaan, jotka kävivät sotaa häntä ﷺ vastaan ja taistelivat häntä ﷺ vastaan. Ja mitä tulee niihin, jotka tekivät rauhansopimuksia tai luottamussopimuksia hänen ﷺ kanssaan, niin hän ﷺ ei koskaan taistellut heitä vastaan eikä pakottanut heitä uskontoon.”

(*Hidayat al-hayara* 1/237)

***uskotte, syökää sitä hyvää, mitä Me olemme teille antaneet** (siunauksena ja elantona).'* (2:172)

Sitten hän ﷺ mainitsi miehestä, joka matkusti kauas, tuli epäsiistiksi ja pölyiseksi ja nosti kätensä ylös taivaaseen (sanoen): 'Oi Valtiaani, Oi Valtiaani!', ja hänen ruokansa (joilla hän ravitsee itsensä) ovat peräisin kielletyistä (ruuista), hänen juomansa ovat peräisin kielletyistä (juomista), hänen vaatteensa (joilla hän pukeutuu) ovat kiellettyjä (vaatteita) ja hän on ravittu kielletyllä, joten miten tuohon (hänen pyyntönsä) vastataan?"

Tämän raportoi Muslim (1015).

ثُمَّ ذَكَرَ الرَّجُلَ، يُطِيلُ السَّفَرَ، أَشْعَثَ أَغْبَرَ، يَمُدُّ يَدَيْهِ إِلَى السَّمَاءِ: يَا رَبِّ يَا رَبِّ، وَمَطْعَمُهُ حَرَامٌ، وَمَشْرَبُهُ حَرَامٌ، وَمَلْبَسُهُ حَرَامٌ، وَغُذِيَ بِالْحَرَامِ، فَأَنَّى يُسْتَجَابُ لِذَلِكَ؟»

رَوَاهُ مُسْلِمٌ (١٠١٥).

11. hadith: Epäilyttävän välttäminen

Abu Muhammad al-Hasan ibn Ali – Allahin sanansaattajan ﷺ lapsenlapsi, joka oli hänelle todella rakas – Allah olkoon tyytyväinen heihin – sanoi:

"Opin ulkoa Allahin sanansaattajalta ﷺ:

'Jätä se, mikä saa sinut epäilemään siihen, mikä ei saa sinua epäilemään.'"

Tämän raportoi at-Tirmidhi (2518) sekä an-Nasaaii (5727) ja at-Tirmidhi sanoi: "Tämä hadith on *hasan-sahih*." [Ja al-Albaani luokitteli sen autenttiseksi (*sahih*).]

الحَدِيثُ الحَادِي عَشَرَ: التَّوَرُّعُ عَنِ الشُبُهَاتِ

عَنْ أَبِي مُحَمَّدٍ، الحَسَنِ بْنِ عَلِيِّ بْنِ أَبِي طَالِبٍ ـ سِبْطِ رَسُولِ اللَّهِ ﷺ وَرَيْحَانَتِهِ ـ رَضِيَ اللهُ عَنْهُمَا قَالَ:

«حَفِظْتُ مِنْ رَسُولِ اللَّهِ ﷺ:

«دَعْ مَا يَرِيبُكَ إِلَى مَا لَا يَرِيبُكَ»

رَوَاهُ التِّرْمِذِيُّ (٢٥١٨)، وَالنَّسَائِيُّ (٥٧٢٧)، وَقَالَ التِّرْمِذِيُّ: «حَدِيثٌ حَسَنٌ صَحِيحٌ» [وَصَحَّحَهُ الأَلْبَانِي].

12. hadith: Sen jättäminen mikä ei koske muslimia

Abu Hurairalta – Allah olkoon tyytyväinen häneen – on raportoitu, että profeetta ﷺ sanoi:

الحَدِيثُ الثَّانِي عَشَرَ: تَرْكُ مَا لَا يَعْنِي المُسْلِمَ

عَنْ أَبِي هُرَيْرَةَ ـ رَضِيَ اللهُ عَنْهُ ـ عَنِ النَّبِيِّ ﷺ قَالَ:

“Osa henkilön islamin täydellistämistä on sen jättäminen, mikä ei kuulu hänelle.”

Tämä hadith on *hasan* (an-Nawawin mukaan) ja sen raportoi at-Tirmidhi (2318) ja muut. [Ja al-Albaani sanoi (hadithista): “*Sahih li ghayri*”.]

«مِنْ حُسْنِ إِسْلَامِ الْمَرْءِ تَرْكُهُ مَا لَا يَعْنِيهِ»

حَدِيثٌ حَسَنٌ، رَوَاهُ التِّرْمِذِيُّ (٢٣١٨) وَغَيْرُهُ [وَقَالَ الأَلْبَانِي: صَحِيحٌ لِغَيْرِهِ].

13. hadith: Uskon täydellisyys

الحَدِيثُ الثَّالِثُ عَشَرَ: كَمَالُ الإِيمَانِ

Abu Hamzah Anas ibn Malikilta, Allahin sanansaattajan ﷺ palvelijalta - Allah olkoon tyytyväinen häneen - on raportoitu, että profeetta ﷺ sanoi:

“Yksikään teistä ei usko (aidosti)**, kunnes hän rakastaa veljelleen, mitä hän rakastaa itselleen.”**

Tämän raportoi al-Bukhari (13) ja Muslim (71).

عَنْ أَبِي حَمْزَةَ، أَنَسِ بْنِ مَالِكٍ ـ رَضِيَ اللَّهُ عَنْهُ ـ خَادِمِ رَسُولِ اللَّهِ ﷺ عَنِ النَّبِيِّ ﷺ قَالَ:

«لَا يُؤْمِنُ أَحَدُكُمْ حَتَّى يُحِبَّ لِأَخِيهِ مَا يُحِبُّ لِنَفْسِهِ»

رَوَاهُ البُخَارِيُّ (١٣)، وَمُسْلِمٌ (٧١).

14. hadith: Muslimin elämän pyhyys ja tilanteet, jotka mitätöivät sen

الحَدِيثُ الرَّابِعَ عَشَرَ: حُرْمَةُ دَمِ المُسْلِمِ وَأَسْبَابِ إِهْدَارِهِ

Abdullah ibn Mas’uudilta - Allah olkoon tyytyväinen häneen - on raportoitu, että hän sanoi, että Allahin sanansaattaja ﷺ sanoi:

“Ei ole sallittua vuodattaa muslimin verta, paitsi (laillisen johtajan tuomiosta, joka on sallittua tapahtua) **kolmessa tapauksessa** (jotka islamilainen valtio selvittää ja tuomitsee todisteiden pohjalta): (1) **naimisissa oleva henkilö, joka suorittaa aviorikoksen,** (2) **sielu sielusta** (laillinen hyvitys murhasta) **ja** (3) **henkilö,**

عَنْ عَبْدِ اللَّهِ بْنِ مَسْعُودٍ ـ رَضِيَ اللَّهُ عَنْهُ ـ قَالَ: قَالَ رَسُولُ اللَّهِ ﷺ:

«لَا يَحِلُّ دَمُ امْرِئٍ مُسْلِمٍ إِلَّا بِإِحْدَى ثَلَاثٍ: الثَّيِّبُ الزَّانِي، وَالنَّفْسُ بِالنَّفْسِ، وَالتَّارِكُ لِدِينِهِ الْمُفَارِقُ لِلْجَمَاعَةِ»

رَوَاهُ البُخَارِيُّ (٦٨٧٨)، وَمُسْلِمٌ (١٦٧٦).

[وَفِي رِوَايَةٍ أُخْرَى: **«رَجُلٌ يَخْرُجُ مِنَ الإِسْلَامِ يُحَارِبُ اللهَ ـ عَزَّ وَجَلَّ ـ وَرَسُولَهُ ﷺ»**

joka jättää uskontonsa ja erottaa itsensä yhteiskunnasta (kääntyen viholliseksi ja aiheuttaen yhteiskunnalle uhkaa tai vaaraa).”[1]

Tämän raportoi al-Bukhari (6878) ja Muslim (1676).

[Toisessa raportissa (profeetta ﷺ sanoi lopussa):

”- - mies, joka jättää islamin julistaen sodan Allahia - Majesteettista ja Täydellistä - sekä hänen sanansaattajaansa ﷺ vastaan.”

Tämän raportoi an-Nasaaii (4048) ja al-Albaani luokitteli sen autenttiseksi (*sahih*)].

رَواهُ النَّسائي (٤٠٤٨)، وَصَحَّحَهُ الأَلْباني]

15. hadith: Islamilaiset tavat

الحَديثُ الخَامِسُ عَشَرَ: آدَابٌ إِسْلَامِيَّةٌ

Abu Hurairalta - Allah olkoon tyytyväinen häneen - on raportoitu, että Allahin sanansaattaja ﷺ sanoi:

“Kuka ikinä uskoo Allahiin ja viimeiseen päivään, puhukoon hän hyvää tai pysyköön hän hiljaa. Kuka ikinä uskoo Allahiin ja viimeiseen päivään, kunnioittakoon hän naapureitaan. Kuka ikinä uskoo Allahiin ja viimeiseen päivään, kunnioittakoon hän vieraitaan.”

Tämän raportoi al-Bukhari (6018) ja Muslim (47).

عَنْ أَبِي هُرَيْرَةَ - رَضِيَ اللَّهُ عَنْهُ - أن رَسُول اللَّهِ ﷺ قَالَ:

«مَنْ كَانَ يُؤْمِنُ بِاللَّهِ وَالْيَوْمِ الْآخِرِ، فَلْيَقُلْ خَيْرًا أَوْ لِيَصْمُتْ، وَمَنْ كَانَ يُؤْمِنُ بِاللَّهِ وَالْيَوْمِ الْآخِرِ، فَلْيُكْرِمْ جَارَهُ، وَمَنْ كَانَ يُؤْمِنُ بِاللَّهِ وَالْيَوْمِ الْآخِرِ، فَلْيُكْرِمْ ضَيْفَهُ»

رَوَاهُ البُخَارِيُّ (٦٠١٨)، وَمُسْلِمٌ (٤٧).

[1] Tavallisen muslimin eikä ihmisryhmän, jolla ei ole juridista auktoriteettia, ei ole sallittua laittaa käytäntöön islamin lain mukaisia tuomioita ja rangaistuksia. Se on selkeästi kiellettyä ja johtaisi sosiaaliseen kaaokseen ja suurempaan pahaan sekä rikokseen. Samalla tavalla muslimilla ei ole oikeutta julistaa sotaa eikä tehdä sotaisia tekoja ilman laillista auktoriteettia tai syytä. Profeetta ﷺ kielsi erästä miestä laittamasta omin keinoin käytäntöön laillisen rangaistuksen (kuolemantuomion), vaikka mies todistaisi vaimonsa suorittamassa aviorikosta: Abu Huraira - Allah olkoon tyytyväinen häneen - raportoi, että Sa’d ibn ‘Ubadah - Allah olkoon tyytyväinen häneen - sanoi:

“Oi Jumalan sanansaattaja, jos löytäisin vaimoni toisen miehen kanssa (suorittamassa aviorikosta), niin pitäisikö minun jättää heidät keskenään kunnes haen neljä todistajaa (joka on islamin mukaan pakollinen todiste, jotta tuomioistuin voisi määrätä lain voimaan)?” Profeetta ﷺ sanoi: “**Kyllä.**” Sa’d vastasi: “Ei koskaan, kautta Hänen, joka sinut lähetti totuuden kanssa, jos minulle kävisi näin, niin olisin pikainen nostamaan miekan!” Profeetta ﷺ sanoi:

اسْمَعُوا إِلَى مَا يَقُولُ سَيِّدُكُمْ إِنَّهُ لَغَيُورٌ وَأَنَا أَغْيَرُ مِنْهُ وَاللَّهُ أَغْيَرُ مِنِّي.

"Kuunnelkaa, mitä johtajanne sanoo. Totisesti hän tuntee kunniaa ja minä tunnen kunnian paremmin kuin hän ja Allah tuntee kunnian paremmin kuin minä."

(*Sahih Muslim* 1498)

Tästä esimerkistä opimme, että lakiin liittyvissä asioissa "ohjaimia" ei "oteta omiin käsiin" ja kunnianloukkaus ei anna oikeutta suorittaa rangaistuksia eikä väkivaltaa. Täten, esimerkiksi kunniamurha ei ole sallittua islamissa, eikä sille ole mitään uskonnollista pohjaa.

Oppineet ovat yksimielisiä siitä, että laillisia rangaistuksia saavat tuomita ja määrätä vain kunnolliset ja lailliset tuomarit, jotka pyrkivät soveltamaan islamin lakia esitettyjen todisteiden perusteella aikomuksena suojella viattomia ihmisiä, toteuttaa sanktiot ja ehkäistä vääryyttä.

Jos johtaja ei ole muslimi, niin näitä lakeja ei siltikään laiteta käytäntöön, vaan johtajan lakia on kuunneltava.

Profeetta ﷺ sanoi:

السَّمْعُ وَالطَّاعَةُ حَقٌّ مَا لَمْ يُؤْمَرْ بِالْمَعْصِيَةِ فَإِذَا أُمِرَ بِمَعْصِيَةٍ فَلَا سَمْعَ وَلَا طَاعَةَ.

"Johtajan kuuntelu ja noudattaminen on pakollista muslimille, pitäisi hän siitä tai ei, kunhan häntä ei määrätä olemaan tottelematon Allahille. Jos häntä käsketään olemaan tottelematon Allahia kohtaan, ei ole (silloin tämän johtajan) kuuntelua eikä noudattamista."

(*Sahih al-Bukhari* 2796)

Meidän on myös syytä huomioida, että jokaisessa maassa asutaan vapaasti maan kansalaisina sopimuksen alla, joka on noudattaa sen maan lakia, sillä tämä on ehto vapaaseen kansalaisuuteen ja Allah sanoi:

﴿يَا أَيُّهَا الَّذِينَ آمَنُوا أَوْفُوا بِالْعُقُودِ﴾

"Oi te, jotka uskotte, täyttäkää sopimuksenne (kunhan niihin ei liity mitään, mikä on islamin mukaan kiellettyä)." (5:1)

Ibn Muflih - Allah armahtakoon hänet - sanoi:

تَحْرُمُ إِقَامَةُ حَدٍّ إِلَّا لِإِمَامٍ أَوْ نَائِبِهِ

"On kiellettyä suorittaa laillisia rangaistuksia, ellei sitä tee (laillinen) johtaja tai hänen (laillisesti määrätty) varamiehensä."

(*Al-Furu' wa tashiih al-furuu'* 10/29)

Ja ibn Hajar - Allah armahtakoon hänet - sanoi:

فَلَيْسَ لَهُ قَتْلُ كُلِّ كَافِرٍ بَلْ يَحْرُمُ عَلَيْهِ قَتْلُ الذِّمِّيِّ وَالْمُعَاهَدِ بِغَيْرِ اسْتِحْقَاقٍ.

"Muslimilla ei ole oikeutta tappaa jokaista epäuskovaista (ja ainoastaan virallisessa sodassa olisi sallittua tappaa miehiä tai islamilaisen valtion alla rikoksen suorittaneita, jos sanktio on kuolemanrangaistus), vaan hänen on kiellettyä tappaa siviiliä tai turvan alla olevaa henkilöä epäoikeudenmukaisesti."

(*Fath ul-Bari* 6517)

Laillisten rangaistusten tavoite on yksinkertaisesti saada ihmiset pelkäämään rangaistusta niin paljon, että he eivät suorita julmuuksia. Allah sanoi:

﴿وَلَكُمْ فِي الْقِصَاصِ حَيَاةٌ يَا أُولِي الْأَلْبَابِ لَعَلَّكُمْ تَتَّقُونَ﴾

"Laillisissa rangaistuksissa on teille elämien pelastus, oi ymmärryksen ihmiset, jotta voisitte tulla hurskaiksi." (2:179)

Niiden tarkoitus on ylläpitää pelkoa vääryyksien tekemistä kohtaan. Islam opettaa meitä pyrkimään armahtamaan, katsomaan sormien läpi ja välttämään rangaistusten toteuttamista, mikäli se on mahdollista.

Profeetta ﷺ sanoi:

ادْرَءُوا الْحُدُودَ عَنْ الْمُسْلِمِينَ مَا اسْتَطَعْتُمْ فَإِنْ كَانَ لَهُ مَخْرَجٌ فَخَلُّوا سَبِيلَهُ فَإِنَّ الْإِمَامَ أَنْ يُخْطِئَ فِي الْعَفْوِ خَيْرٌ مِنْ أَنْ يُخْطِئَ فِي الْعُقُوبَةِ.

"Välttäkää laillisten rangaistusten toimeenpanoa muslimeille, jos pystytte. Jos rikollisella on tie ulos, niin jättäkää hänet tielleen. Totisesti, on parempi, että johtaja erehtyy armahtamaan hänet kuin se, että hän erehtyy rankaisemaan viatonta."

(*Sunan at-Tirmidhi* 1424, *sahih* as-Suyutin mukaan)

Profeetta ﷺ sanoi:

ادْفَعُوا الْحُدُودَ مَا وَجَدْتُمْ لَهُ مَدْفَعًا.

"Välttäkää laillisten rangaistusten toteuttamista niin kauan kuin löydätte syyn välttää niitä."

(*Sunan ibn Majah* 2545, *hasan* as-Suyutin mukaan)

As-Suyuti - Allah armahtakoon hänet - sanoi:

القاعدة (في الفقه) الحدود تسقط بالشبهات.

"Islamilaisen lain periaate on, että laillisen rangaistuksen keskeyttää epäilys."

(*Al-Ashbah wal-naza'ir* 2/122)

16. hadith: Suuttumisen kielto

الحَدِيثُ السَّادِسُ عَشَرَ: النَّهْيُ عَنِ الغَضَبِ

Abu Hurairalta - Allah olkoon tyytyväinen häneen - on raportoitu, että eräs mies sanoi profeetalle ﷺ: "Neuvo minua." Profeetta ﷺ sanoi:

"Älä suutu."[1]

Sitten hän toisti sen (pyynnön saada neuvoja) muutaman kerran. Hän ﷺ sanoi (uudestaan):

"Älä suutu."

Tämän raportoi al-Bukhari (6116).

عَنْ أَبِي هُرَيْرَةَ - رَضِيَ اللَّهُ عَنْهُ - أَنَّ رَجُلًا قَالَ لِلنَّبِيِّ ﷺ أَوْصِنِي، قَالَ:

«لَا تَغْضَبْ»

فَرَدَّدَ مِرَارًا قَالَ:

«لَا تَغْضَبْ»

رَوَاهُ البُخَارِيُّ (٦١١٦).

[1] Suuttumisen kiellolla ohjataan muslimia rauhoittamaan itsensä ollessaan vihainen islamin mukaisilla etiketeillä. Sunnassa on mainittu seuraavat viisi keinoa rauhoittaa vihaa:

1. Pyydä turvaa Allahilta paholaista vastaan

Sulayman ibn Surad - Allah olkoon tyytyväinen häneen - sanoi, että kaksi miestä olivat sanallisesti pahoinpitelemässä toisiaan profeetan ﷺ läsnäolossa ja yksi heistä tuli niin vihaiseksi, että hänen kasvonsa muuttuivat punaisiksi. Profeetta ﷺ katsoi häntä ja sanoi:

إِنِّي لأَعْلَمُ كَلِمَةً لَوْ قَالَهَا لَذَهَبَ عَنْهُ مَا يَجِدُ لَوْ قَالَ أَعُوذُ بِاللَّهِ مِنَ الشَّيْطَانِ الرَّجِيمِ.

"Totisesti, minä tiedän sanoja, jotka saisivat häneltä lähtemään pois sen, mitä hän löytää itsestään (eli vihaa), jos hän sanoo: *'A'uudhubilläähi min Äsh-Shäytaani-r-rajiim* (Pyydän turvaa Allahilta kirottua *Shaytaania* vastaan).'"

(*Sahih al-Bukhari* 6115)

2. Ota rukouspesu

Atiyyah - Allah olkoon tyytyväinen häneen - raportoi, että profeetta ﷺ sanoi:

إِنَّ الْغَضَبَ مِنَ الشَّيْطَانِ وَإِنَّ الشَّيْطَانَ خُلِقَ مِنَ النَّارِ وَإِنَّمَا تُطْفَأُ النَّارُ بِالْمَاءِ فَإِذَا غَضِبَ أَحَدُكُمْ فَلْيَتَوَضَّأْ.

"Totisesti viha tulee *Shaytaanilta* ja totisesti *Shaytaan* on luotu tulesta. Totisesti tuli sammutetaan vedellä, joten jos kukaan teistä tulee vihaiseksi, niin suorittakoon hän rukouspesun."

(*Sunan Abi Dawud* 4784, *hasan* ibn Hajarin mukaan)

3. Ole hiljaa

Ibn Abbas - Allah olkoon tyytyväinen häneen - raportoi, että profeetta ﷺ neuvoi häntä sanoen kolmesti:

وَإِذَا غَضِبْتَ فَاسْكُتْ.

"Ja kun tulet vihaiseksi, ole hiljaa."

(*Al-Adab al-mufrad* 1320, *sahih* al-Albaanin mukaan)

4. Rauhoita itsesi istumalla tai makaamalla

Profeetta ﷺ sanoi:

إِذَا غَضِبَ أَحَدُكُمْ وَهُوَ قَائِمٌ فَلْيَجْلِسْ فَإِنْ ذَهَبَ عَنْهُ الْغَضَبُ وَإِلاَّ فَلْيَضْطَجِعْ.

"Kun joku teistä tulee vihaiseksi ja hän on seisomassa, niin istukoon hän. Jos viha lähtee häneltä (niin hyvä) ja jos ei, niin menköön hän makaamaan."

(*Sunan Abi Dawud* 4782, *sahih* al-Albaanin mukaan)

5. Muista rauhoittumisen palkkio

Profeetta ﷺ sanoi:

لا تَغْضَبْ وَلَكَ الْجَنَّةُ.

"Älä ole suutu ja sinulle on paratiisi."

(*Al-Mu'jam al-awsat* 2411, *sahih* al-Albanin mukaan)

Anas ibn Malik - Allah olkoon tyytyväinen häneen - raportoi, että Allahin sanansaattaja ﷺ sanoi:

مَنْ خَزَنَ لِسَانَهُ سَتَرَ اللَّهُ عَوْرَتَهُ وَمَنْ كَفَّ غَضَبَهُ كَفَّ اللهُ عَنْهُ عَذَابَهُ يَوْمَ الْقِيَامَةِ.

"Kuka ikinä pidättää kieltään, Allah tulee peittämään hänen virheensä. Kuka ikinä pidättää vihaansa, Allah tulee pidättämään hänen rangaistustaan (tätä palvelijaa kohtaan) ylösnousemuksen päivänä."

(*Shu'ab al-iimaan* 7818, *hasan* al-Albaanin mukaan)

Abu Hurairah - Allah olkoon tyytyväinen häneen - raportoi, että Allahin sanansaattaja ﷺ sanoi:

لَيْسَ الشَّدِيدُ بِالصُّرَعَةِ إِنَّمَا الشَّدِيدُ الَّذِي يَمْلِكُ نَفْسَهُ عِنْدَ الْغَضَبِ.

"Vahvin (ihmisistä) ei ole paras painija. Totisesti vahvin teistä on hän, joka kontrolloi itseään ollessaan vihainen."

(*Sahih al-Bukhari* 5763)

Ibn Umar - Allah olkoon tyytyväinen häneen - raportoi, että Allahin sanansaattaja ﷺ sanoi:

مَا مِنْ جُرْعَةٍ أَعْظَمُ أَجْرًا عِنْدَ اللَّهِ مِنْ جُرْعَةِ غَيْظٍ كَظَمَهَا عَبْدٌ ابْتِغَاءَ وَجْهِ اللَّهِ.

"Mitään ei nielaista suuremmalla palkkiolla kuin silloin, kun palvelija nielaisee hänen vihansa tavoitellen Allahin kasvoja (eli Allahin tyytyväisyyttä ja tapaamista)."

(*Sunan ibn Majah* 4189, *sahih* al-Albanin mukaan)

Allah sanoi:

﴿وَقُل لِّعِبَادِى يَقُولُوا۟ ٱلَّتِى هِىَ أَحْسَنُ ۚ إِنَّ ٱلشَّيْطَـٰنَ يَنزَغُ بَيْنَهُمْ ۚ إِنَّ ٱلشَّيْطَـٰنَ كَانَ لِلْإِنسَـٰنِ عَدُوًّا مُّبِينًا﴾

"Ja sanokaa palvelijoilleni, että he puhuvat vain parasta (eli vain hyvää). Totisesti Shaytaan herättää ristiriitoja heidän välilleen. Totisesti Shaytaan on ihmiselle selkeä vihollinen" (17:53)

Abu Huraira - Allah olkoon tyytyväinen häneen - raportoi, että profeetta ﷺ sanoi:

مَنْ كَظَمَ غَيْظًا وَهُوَ يَقْدِرُ عَلَى إِنْفَاذِهِ مَلَأَهُ اللَّهُ أَمْنًا وَإِيمَانًا.

"Kuka ikinä pidättää raivoaan, vaikka hän kykenisi vapauttamaan sen, niin Allah tulee täyttämään hänet vakaudella ja uskolla." Ja hän ﷺ resitoi seuraavan jakeen:

﴿وَالْكَاظِمِينَ الْغَيْظَ وَالْعَافِينَ عَنِ النَّاسِ وَاللَّهُ يُحِبُّ الْمُحْسِنِينَ﴾

"Ja he ovat niitä, jotka pidättävät vihaansa ja antavat ihmisille anteeksi, ja Allah rakastaa niitä, jotka tekevät hyvää." (3:134)

(*Tafsir at-Tabari* 3:134, *hasan* as-Saffarinin mukaan)

17. hadith: Käsky teurastaa parhaalla käytöksellä ja lempeys eläimiä kohtaan

Abu Ja'laa Shaddaad ibn Awsilta - Allah olkoon tyytyväinen häneen - on raportoitu, että Allahin sanansaattaja ﷺ sanoi:

“Totisesti Allah on määrännyt erinomaisuuden kaikkiin asioihin (niiden suorittamiseen), **joten jos teidän tulee tappaa, niin tappakaa parhaalla käytöksellä** (vain tavalla, joka on sallittua). **Jos teidän tulee teurastaa, niin teurastakaa parhaalla käytöksellä** (mahdollisimman kivuttomasti ja islamin mukaisesti). **Teroittakoon jokainen teistä veitsenne, jotta säästäisitte teurastettavat eläimet kärsimykseltä.”**

Tämän raportoi Muslim (1955).

الحَدِيثُ السَّابِعُ عَشَرَ: الأَمْرُ بِإِحْسَانِ الذَّبْحِ وَالرِّفْقُ بِالحَيَوَانِ

عَنْ أَبِي يَعْلَى شَدَّادِ بْنِ أَوْسٍ - رَضِيَ اللهُ عَنْهُ - عَنْ رَسُولِ اللَّهِ ﷺ قَالَ:

«إِنَّ اللَّهَ كَتَبَ الْإِحْسَانَ عَلَى كُلِّ شَيْءٍ، فَإِذَا قَتَلْتُمْ فَأَحْسِنُوا الْقِتْلَةَ، وَإِذَا ذَبَحْتُمْ فَأَحْسِنُوا الذِّبْحَةَ، وَلْيُحِدَّ أَحَدُكُمْ شَفْرَتَهُ، وَلْيُرِحْ ذَبِيحَتَهُ»

رَوَاهُ مُسْلِمٌ (١٩٥٥).

18. hadith: Hyvä käytös

Abu Dharr Jundub bin Junadalta sekä Abu Abdur-Rahman Muaad bin Jabalilta - Allah olkoon tyytyväinen heihin - on raportoitu, että Allahin sanansaattaja ﷺ sanoi:

“Omaa taqwaa, missä ikinä oletkin ja seuraa huonoa tekoa hyvällä teolla, joka pyyhkii sen (huonon teon) **pois ja käyttäydy hyvällä käytöksellä ihmisiä kohtaan.”**

Tämän raportoi at-Tirmidhi (1987) ja hän sanoi: “Tämä hadith on *hasan*.” Ja muissa teksteissä: “*Hasan-sahih*”.

الحَدِيثُ الثَّامِنُ عَشَرَ: حُسْنُ الخُلُقِ

عَنْ أَبِي ذَرٍّ، جُنْدُبِ بْنِ جُنَادَةَ، وَأَبِي عَبْدِ الرَّحْمَنِ، مُعَاذِ بْنِ جَبَلٍ - رَضِيَ اللهُ عَنْهُمَا - أَنَّ رَسُولَ اللَّهِ ﷺ قَالَ:

«اتَّقِ اللَّهَ حَيْثُمَا كُنْتَ، وَأَتْبِعِ السَّيِّئَةَ الْحَسَنَةَ تَمْحُهَا، وَخَالِقِ النَّاسَ بِخُلُقٍ حَسَنٍ»

رَوَاهُ التِّرْمِذِيُّ (١٩٨٧) وَقَالَ: «حَدِيثٌ حَسَنٌ»، وَفِي بَعْضِ النُّسَخِ: «حَسَنٌ صَحِيحٌ».

19. hadith: Ole tietoinen Allahista ja Hän tulee suojelemaan sinua

Abu al-Abbas Abdullah ibn Abbasilta - Allah olkoon tyytyväinen heihin - on raportoitu, että hän sanoi: “Olin profeetan ﷺ takana (ratsun selässä) ja hän ﷺ sanoi minulle:

“Oi nuori poika, opetan sinulle (neuvon) **sanoja. Suojele Allahin oikeuksia ja Allah tulee suojelemaan sinua. Suojele Allahin oikeuksia ja tulet löytämään Hänet edestäsi. Jos kysyt, niin kysy** (vain) **Allahilta ja jos pyydät apua, niin pyydä** (vain) **Allahilta. Ja tiedä, että jos kansat kokoontuisivat yhteen hyödyksesi, niin he eivät kykenisi olemaan hyödyksesi paitsi** (sen verran), **mitä Allah on kirjoittanut sinulle. Ja jos he kokoontuisivat yhteen aiheuttamaan sinulle haittaa, he eivät kykenisi aiheuttamaan sinulle haittaa paitsi** (sen verran), **mitä Allah on kirjoittanut** (kohtaloon) **sinulle. Kynät ovat nostettu ja sivut ovat kuivuneet.”**

Tämän raportoi at-Tirmidhi (2516) ja hän sanoi: “Tämä hadith on *hasan-sahih*.“ Toisessa raportissa, joka ei ole *at-Tirmidhissa* (profeetta ﷺ sanoi):

“Suojele Allahin oikeuksia, niin tulet löytämään Hänet edestäsi. Ole tietoinen Allahista hyvinä aikoina, niin Allah tulee tuntemaan sinut (ja auttamaan sinua) **vaikeina aikoina. Ja tiedä, että mitä ei tapahtunut sinulle, ei olisi koskaan voinut tapahtua sinulle. Ja mitä on tapahtunut sinulle, ei olisi koskaan voinut olla tapahtumatta sinulle. Ja tiedä, että voitto tulee kärsivällisyydellä, helpotus seuraa vastoinkäymistä ja vaikeuden kanssa tulee helpotus.”**

[Musnad Ahmad (2804), *sahih* Ahmad Shaakirin mukaan].

الحَدِيثُ التَّاسِعُ عَشَرَ: اِحْفَظِ اللَّهَ يَحْفَظْكَ

عَنْ أَبِي العَبَّاسِ، عَبْدِ اللَّهِ بْنِ عَبَّاسٍ - رَضِيَ اللهُ عَنهمَا - قَالَ: كُنْتُ خَلْفَ النَّبِيِّ ﷺ فَقَالَ لِي:

«يَا غُلَامُ إِنِّي أُعَلِّمُكَ كَلِمَاتٍ: احْفَظِ اللَّهَ يَحْفَظْكَ، احْفَظِ اللَّهَ تَجِدْهُ تُجَاهَكَ، إِذَا سَأَلْتَ فَاسْأَلِ الله، وَإِذَا اسْتَعَنْتَ فَاسْتَعِنْ بِاللَّهِ، وَاعْلَمْ أَنَّ الْأُمَّةَ لَوِ اجْتَمَعَتْ عَلَى أَنْ يَنْفَعُوكَ بِشَيْءٍ، لَمْ يَنْفَعُوكَ إِلَّا بِشَيْءٍ قَدْ كَتَبَهُ اللَّهُ لَكَ، وَإِنِ اجْتَمَعُوا عَلَى أَنْ يَضُرُّوكَ بِشَيْءٍ، لَمْ يَضُرُّوكَ إِلَّا بِشَيْءٍ قَدْ كَتَبَهُ اللَّهُ عَلَيْكَ، رُفِعَتِ الْأَقْلَامُ وَجَفَّتِ الصُّحُفُ»

رَوَاهُ التِّرْمِذِيُّ (٢٥١٦) وَقَالَ: «حَدِيثٌ حَسَنٌ صَحِيحٌ».
وَفِي رِوَايَةِ غَيْرِ التِّرْمِذِيِّ:

«احْفَظِ اللَّهَ تَجِدْهُ أَمَامَكَ تَعَرَّفْ إِلَى اللَّهِ فِي الرَّخَاءِ يَعْرِفْكَ فِي الشِّدَّةِ، وَاعْلَمْ أَنَّ مَا أَخْطَأَكَ لَمْ يَكُنْ لِيُصِيبَكَ، وَمَا أَصَابَكَ لَمْ يَكُنْ لِيُخْطِئَكَ، وَاعْلَمْ أَنَّ النَّصْرَ مَعَ الصَّبْرِ، وَأَنَّ الْفَرَجَ مَعَ الْكَرْبِ، وَأَنَّ مَعَ الْعُسْرِ يُسْرًا».

20. hadith: Säädyllisyys on osa uskoa

الحَدِيثُ العِشْرُونَ: الحَيَاءُ مِنَ الإِيمَانِ

Abu Mas'uud Uqbah ibn 'Amr al-Ansaari al-Badrilta - Allah olkoon tyytyväinen häneen - on raportoitu, että hän sanoi, että Allahin sanansaattaja ﷺ sanoi:

عَنْ أَبِي مَسْعُودٍ، عُقْبَةَ بْنِ عَمْرٍو الأَنْصَارِيِّ البَدْرِيِّ ـ رَضِيَ اللهُ عَنْهُ ـ قَالَ: قَالَ رَسُولُ اللَّهِ ﷺ:

"Totisesti se, mitä ihmiset oppivat aikaisempien profeettojen puheista oli: 'Jos et tunne häpeää, tee mitä tahdot.'"[1]

«إِنَّ مِمَّا أَدْرَكَ النَّاسُ مِنْ كَلَامِ النُّبُوَّةِ الْأُولَى: إِذَا لَمْ تَسْتَحْيِ، فَاصْنَعْ مَا شِئْتَ»

Tämän raportoi al-Bukhari (6120).

رَوَاهُ البُخَارِيُّ (٦١٢٠).

21. hadith: Sano: "Uskon Allahiin" ja pysy lujana

الحَدِيثُ الحَادِي وَالعِشْرُونَ: قُلْ آمَنْتُ بِاللَّهِ ثُمَّ اسْتَقِمْ

Abu 'Amr - ja on sanottu (myös): "Abu 'Amrah" - Sufyan ibn Abdullahilta - Allah olkoon tyytyväinen häneen - on raportoitu, että hän sanoi:

عَنْ أَبِي عَمْرٍو — وَقِيلَ أَبِي عَمْرَةَ ـ سُفْيَانَ بْنِ عَبْدِ اللَّهِ ـ رَضِيَ اللَّهُ عَنْهُ ـ قَالَ:

"Sanoin: 'Oi Allahin sanansaattaja ﷺ, kerro minulle jokin lause islamista, jota minun ei tarvitse kysyä keneltäkään muulta sinun jälkeesi.' Hän (profeetta ﷺ) sanoi:

قُلْتُ: يَا رَسُولَ اللَّهِ، قُلْ لِي فِي الْإِسْلَامِ قَوْلًا لَا أَسْأَلُ عَنْهُ أَحَدًا غَيْرَكَ، قَالَ:

'Sano: 'Uskon Allahiin' ja pysy lujana (uskossa).'"

«قُلْ آمَنْتُ بِاللَّهِ، ثُمَّ اسْتَقِمْ»

Tämän raportoi Muslim (38).

رَوَاهُ مُسْلِمٌ (٣٨).

---

[1] Ibn Rajab - Allah armahtakoon hänet - kommentoi tähän kirjoittaen:

وَأَهْلُ هَذِهِ الْمَقَالَةِ لَهُمْ طَرِيقَانِ أَحَدُهُمَا أَنَّهُ أَمْرٌ بِمَعْنَى التَّهْدِيدِ وَالْوَعِيدِ وَالْمَعْنَى إِذَا لَمْ يَكُنْ حَيَاءٌ فَاعْمَلْ مَا شِئْتَ فَاللَّهُ يُجَازِيكَ عَلَيْهِ ... وَالطَّرِيقُ الثَّانِي أَنَّهُ أَمْرٌ وَمَعْنَاهُ الْخَبَرُ وَالْمَعْنَى أَنَّ مَنْ لَمْ يَسْتَحْيِ صَنَعَ مَا شَاءَ فَإِنَّ الْمَانِعَ مِنْ فِعْلِ الْقَبَائِحِ هُوَ الْحَيَاءُ.

"Tämän lausunnon oppineet tulkitsevat kahdella tavalla. Ensimmäinen: se on käsky herätä ja varoitus - tarkoittaen, että jos et tunne häpeää, niin tee mitä tahdot, sillä Allah tulee rankaisemaan sinua sen mukaisesti - -. Toinen: se on tiedotus, joka viittaa siihen, että hän, jolla ei ole häpeää, tulee tekemään mitä hän tahtoo, sillä häpeä suojaa pahoilta teoilta."

(*Jami' al-ulum wal-hikam* 20)

22. hadith: Pakollisiin tekoihin rajoittuminen

Abu Abdullah Jabir ibn Abdullah al-Ansaarilta - Allah olkoon tyytyväinen heihin - on raportoitu, että eräs mies kysyi Allahin sanansaattajalta ﷺ sanoen: "Luuletko, että jos rukoilen pakolliset rukoukset, paastoan *ramadanin*, pidän sallittuna sallitun ja kiellettynä kielletyn, enkä tee sen lisäksi (mitään vapaaehtoisia hyviä tekoja), niin tulenko pääsemään paratiisiin?" Hän ﷺ vastasi:

"Kyllä."

Tämän raportoi Muslim (15).

الحَدِيثُ الثَّانِي وَالعِشْرُونَ: الاقْتِصَارُ عَلَى الفَرَائِضِ

عَنْ أَبِي عَبْدِ اللَّهِ، جَابِرِ بْنِ عَبْدِ اللَّهِ الأَنْصَارِيِّ - رَضِيَ اللَّهُ عَنْهُمَا - أَنَّ رَجُلًا سَأَلَ رَسُولَ اللَّهِ ﷺ فَقَالَ: أَرَأَيْتَ إِذَا صَلَّيْتُ الْمَكْتُوبَاتِ، وَصُمْتُ رَمَضَانَ، وَأَحْلَلْتُ الْحَلَالَ، وَحَرَّمْتُ الْحَرَامَ، وَلَمْ أَزِدْ عَلَى ذَلِكَ شَيْئًا، أَأَدْخُلُ الْجَنَّةَ؟ قَالَ:

«نَعَمْ»

رَوَاهُ مُسْلِمٌ (١٥).

23. hadith: Kiirehtiminen hyviin tekoihin

Abu Malik al-Haarith ibn 'Aasim al-Ash'arilta - Allah olkoon tyytyväinen häneen - on raportoitu, että Allahin sanansaattaja ﷺ sanoi:

"Puhtaus on puolet uskosta. *Alhamdulillah* (ylistävä lausunto)[1] **täyttää** (hyvien tekojen) **vaa`an ja *subhan-Allah*** (ylistävä lausunto)[2] **sekä *Alhamdulillah***[1] **täyttää sen, mikä on taivaan ja maan välillä. Rukous on valo, hyväntekeväisyys on todiste** (sinun hyvistä teoistasi tuomiopäivänä) **ja kärsivällisyys on valaistus. Koraani on todiste joko sinun puolestasi tai sinua vastaan. Jokainen henkilö aloittaa päivänsä sielunsa myymisellä ja hän joko vapauttaa sen** (eli omistautuu Allahille ja vapauttaa itsensä tulesta) **tai hän pilaa sen** (eli omistaa sen hänen haluilleen)**."**

Tämän raportoi Muslim (223).

الحَدِيثُ الثَّالِثُ وَالعِشْرُونَ: الإِسْرَاعُ فِي الخَيْرِ

عَنْ أَبِي مَالِكٍ، الحَارِثِ بْنِ عَاصِمٍ الأَشْعَرِيِّ - رَضِيَ اللَّهُ عَنْهُ - قَالَ: قَالَ رَسُولُ اللَّهِ ﷺ:

«الطُّهُورُ شَطْرُ الإِيمَانِ، وَالْحَمْدُ لِلَّهِ تَمْلَأُ الْمِيزَانَ، وَسُبْحَانَ اللَّهِ، وَالْحَمْدُ لِلَّهِ تَمْلَآنِ أَوْ تَمْلَأُ مَا بَيْنَ السَّمَاوَاتِ وَالْأَرْضِ، وَالصَّلَاةُ نُورٌ، وَالصَّدَقَةُ بُرْهَانٌ، وَالصَّبْرُ ضِيَاءٌ، وَالْقُرْآنُ حُجَّةٌ لَكَ أَوْ عَلَيْكَ، كُلُّ النَّاسِ يَغْدُو، فَبَائِعٌ نَفْسَهُ، فَمُعْتِقُهَا أَوْ مُوبِقُهَا»

رَوَاهُ مُسْلِمٌ (٢٢٣).

[1] *Alhamdulillah* kääntyy suuntaa antavasti: "Kaikki ylistykset ja kiitokset kuuluvat Allahille."
[2] *Subhan-Allah* kääntyy suuntaa antavasti merkityksensä kanssa: "Kaikki ylistys ja kunnia olkoon Allahilla - kuinka Täydellinen ja kaukana virheistä Hän onkaan."

24. hadith: Epäoikeudenmukaisuuden kielto

Abu Dharrilta - Allah olkoon tyytyväinen häneen - on raportoitu, että profeetta ﷺ raportoi Hänen Valtiaansa - Mahtavan ja Täydellisen - sanoneen:

“Oi Minun palvelijani, Minä olen kieltänyt epäoikeudenmukaisuuden itseltäni ja olen tehnyt sen kielletyksi teidän keskuudessanne, joten älkää olko epäoikeudenmukaisia toisianne kohtaan.

Oi Minun palvelijani, kaikki te olette harhassa paitsi nuo, jotka Minä olen johdattanut, joten pyytäkää johdatustani ja Minä johdatan teitä.

Oi Minun palvelijani, kaikki te olette nälkäisiä paitsi nuo, joita minä ruokin, joten pyytäkää ruokaa Minulta ja Minä ruokin teidät.

Oi Minun palvelijani, kaikki te olette alastomia paitsi nuo, jotka olen vaatettanut, joten pyytäkää vaatetusta Minulta ja Minä vaatetan teidät.

Oi Minun palvelijani, totisesti te teette syntiä öisin ja päivisin ja Minä annan anteeksi kaikki synnit, joten pyytäkää anteeksiantoa Minulta (vilpittömästi) **ja Minä annan teille anteeksi.**

Oi Minun palvelijani, te ette koskaan kykene aiheuttamaan Minulle haittaa, ettekä te pysty tekemään mitään hyödykseni.

الحَدِيثُ الرَّابِعُ وَالعِشْرُونَ: تَحْرِيمُ الظُّلْمِ

عَنْ أَبِي ذَرٍّ - رَضِيَ اللَّهُ عَنْهُ - عَنِ النَّبِيِّ ﷺ فِيمَا يَرْوِي عَنْ رَبِّهِ - عَزَّ وَجَلَّ - أَنَّهُ قَالَ:

«يَا عِبَادِي إِنِّي حَرَّمْتُ الظُّلْمَ عَلَى نَفْسِي وَجَعَلْتُهُ بَيْنَكُمْ مُحَرَّمًا فَلَا تَظَالَمُوا،

يَا عِبَادِي كُلُّكُمْ ضَالٌّ إِلَّا مَنْ هَدَيْتُهُ فَاسْتَهْدُونِي أَهْدِكُمْ،

يَا عِبَادِي كُلُّكُمْ جَائِعٌ إِلَّا مَنْ أَطْعَمْتُهُ فَاسْتَطْعِمُونِي أُطْعِمْكُمْ،

يَا عِبَادِي كُلُّكُمْ عَارٍ إِلَّا مَنْ كَسَوْتُهُ فَاسْتَكْسُونِي أَكْسُكُمْ،

يَا عِبَادِي إِنَّكُمْ تُخْطِئُونَ بِاللَّيْلِ وَالنَّهَارِ وَأَنَا أَغْفِرُ الذُّنُوبَ جَمِيعًا فَاسْتَغْفِرُونِي أَغْفِرْ لَكُمْ،

يَا عِبَادِي إِنَّكُمْ لَنْ تَبْلُغُوا ضَرِّي فَتَضُرُّونِي وَلَنْ تَبْلُغُوا نَفْعِي فَتَنْفَعُونِي،

يَا عِبَادِي لَوْ أَنَّ أَوَّلَكُمْ وَآخِرَكُمْ وَإِنْسَكُمْ وَجِنَّكُمْ كَانُوا عَلَى أَتْقَى قَلْبِ رَجُلٍ وَاحِدٍ مِنْكُمْ مَا زَادَ ذَلِكَ فِي مُلْكِي شَيْئًا،

يَا عِبَادِي لَوْ أَنَّ أَوَّلَكُمْ وَآخِرَكُمْ وَإِنْسَكُمْ وَجِنَّكُمْ كَانُوا عَلَى أَفْجَرِ قَلْبِ رَجُلٍ وَاحِدٍ مَا نَقَصَ ذَلِكَ مِنْ مُلْكِي شَيْئًا،

Oi Minun palvelijani, jos ensimmäinen teistä ja viimeinen teistä sekä ihmiset ja henkiolennot joukostanne olisivat kaikki yhtä hurskaita kuin hurskain sydän joukostanne, niin se ei lisäisi Minun valtakuntaani lainkaan.

Oi Minun palvelijani, jos ensimmäinen teistä ja viimeinen teistä sekä ihmiset ja henkiolennot joukostanne olisivat yhtä pahoja kuin pahin sydän joukostanne, niin se ei vähentäisi Minun valtakuntaani lainkaan.

Oi Minun palvelijani, jos ensimmäinen teistä ja viimeinen teistä sekä kaikki ihmiset ja henkiolennot joukostanne seisoisitte yhdessä paikassa ja pyytäisitte Minulta ja antaisin jokaiselle sen, mitä hän toivoi, niin se ei vähentäisi siitä, mitä Minä omistan enempää kuin neula vie valtamerestä, jos sen sinne upottaisi.

Oi Minun palvelijani, ne ovat vain teidän omat tekonne, jotka lasken teille ja sitten annan teille niistä täyden (tekojen mukaisen) **vastineen. Joten hän, joka löytää hyvää, ylistäköön hän Allahia ja hän, joka löytää muuta kuin sitä** (hyvää)**, olkoon hän syyttämättä ketään muuta kuin itseään.”**

Tämän raportoi Muslim (2577).

يَا عِبَادِي لَوْ أَنَّ أَوَّلَكُمْ وَآخِرَكُمْ وَإِنْسَكُمْ وَجِنَّكُمْ قَامُوا فِي صَعِيدٍ وَاحِدٍ فَسَأَلُونِي فَأَعْطَيْتُ كُلَّ إِنْسَانٍ مِنْهُمْ مَسْأَلَتَهُ مَا نَقَصَ ذَلِكَ مِمَّا عِنْدِي إِلَّا كَمَا يَنْقُصُ الْمِخْيَطُ إِذَا دَخَلَ الْبَحْرَ،

يَا عِبَادِي إِنَّمَا هِيَ أَعْمَالُكُمْ أُحْصِيهَا لَكُمْ ثُمَّ أُوَفِّيكُمْ إِيَّاهَا، فَمَنْ وَجَدَ خَيْرًا فَلْيَحْمَدِ اللَّهَ وَمَنْ وَجَدَ غَيْرَ ذَلِكَ فَلَا يَلُومَنَّ إِلَّا نَفْسَهُ»

رَوَاهُ مُسْلِمٌ (٢٥٧٧).

25. hadith: Hyvien tekojen tyypit

الحَدِيثُ الخَامِسُ وَالعِشْرُونَ: أَنْوَاعُ الأَعْمَالِ الخَيْرِيَّةِ

Abu Dharrilta - Allah olkoon tyytyväinen häneen - on myös raportoitu, että (jotkut) ihmiset Allahin sanansaattajan ﷺ seuralaisten joukosta sanoivan profeetalle ﷺ: “Oi Allahin sanansaattaja, rikkaat ovat ottaneet kaikki

عَنْ أَبِي ذَرٍّ - رَضِيَ اللَّهُ عَنْهُ - أَيْضًا «أَنَّ نَاسًا مِنْ أَصْحَابِ رَسُولِ اللَّهِ ﷺ قَالُوا لِلنَّبِيِّ ﷺ: يَا رَسُولَ اللَّهِ ذَهَبَ أَهْلُ الدُّثُورِ بِالأُجُورِ، يُصَلُّونَ

palkkiot. He rukoilevat kuin me rukoilemme, he paastovat kuin me paastoamme ja he antavat (paljon enemmän) hyväntekeväisyyttä heidän ylimääräisestä varallisuudestaan." Hän ﷺ sanoi:

"Eikö Allah ole antanut teille tapoja, joilla tehdä hyväntekeväisyyttä? Totisesti, jokainen *tasbiihah* (*subhan-Allah* - ylistyksen lausuminen) **on hyväntekeväisyyttä, jokainen *takbiir*** (*Allahu Akbar* - ylistyksen lausuminen) **on hyväntekeväisyyttä, jokainen *tahmiidah*** (*Alhamdullillah* - ylistyksen lausuminen) **on hyväntekeväisyyttä ja jokainen *tahliilah*** (*laa ilaaha ill-Allah'n* lausuminen) **on hyväntekeväisyyttä. Hyvään käskeminen on hyväntekeväisyyttä ja pahan kieltäminen on hyväntekeväisyyttä ja teidän harrastamassanne yhdynnässä** (vaimojenne kanssa) **on hyväntekeväisyyttä."**

He sanoivat: "Oi Allahin sanansaattaja, kun joku meistä tyydyttää hänen halunsa, tuleeko hän saamaan palkkiota siitä?" Hän ﷺ sanoi:

"Näettekö te, että jos hän tyydyttää halunsa kielletyllä, hän saisi synnin taakan? Samalla tavalla, jos hän tyydyttää itsensä sallitulla, hän tulee saamaan palkkiota."

Tämän raportoi Muslim (1006).

كَمَا نُصَلِّي، وَيَصُومُونَ كَمَا نَصُومُ، وَيَتَصَدَّقُونَ بِفُضُولِ أَمْوَالِهِمْ، قَالَ:

«أَوَلَيْسَ قَدْ جَعَلَ اللَّهُ لَكُمْ مَا تَصَّدَّقُونَ؟ إِنَّ بِكُلِّ تَسْبِيحَةٍ صَدَقَةً، وَكُلِّ تَكْبِيرَةٍ صَدَقَةً، وَكُلِّ تَحْمِيدَةٍ صَدَقَةً، وَكُلِّ تَهْلِيلَةٍ صَدَقَةً، وَأَمْرٌ بِالْمَعْرُوفِ صَدَقَةٌ، وَنَهْيٌ عَنْ مُنْكَرٍ صَدَقَةٌ، وَفِي بُضْعِ أَحَدِكُمْ صَدَقَةٌ»

قَالُوا: يَا رَسُولَ اللَّهِ، أَيَأْتِي أَحَدُنَا شَهْوَتَهُ وَيَكُونُ لَهُ فِيهَا أَجْرٌ؟ قَالَ:

«أَرَأَيْتُمْ لَوْ وَضَعَهَا فِي حَرَامٍ، أَكَانَ عَلَيْهِ وِزْرٌ؟ فَكَذَلِكَ إِذَا وَضَعَهَا فِي الْحَلَالِ كَانَ لَهُ أَجْرٌ»

رَوَاهُ مُسْلِمٌ (١٠٠٦).

26. hadith: Ihmisten välien sovittaminen

Abu Hurairalta - Allah olkoon tyytyväinen häneen - on raportoitu, että hän sanoi, että Allahin sanansaattaja ﷺ sanoi:

الحَدِيثُ السَّادِسُ وَالعِشْرُونَ: الإِصْلَاحُ بَيْنَ النَّاسِ

عَنْ أَبِي هُرَيْرَةَ، - رَضِيَ اللَّهُ عَنْهُ - قَالَ: قَالَ رَسُولُ اللَّهِ ﷺ:

"Jokaisen ihmisen nivelet ovat velvoitettuja tekemään hyväntekeväisyyttä joka päivä, kun aurinko nousee. Kahden ihmisen välien sovittaminen oikeudenmukaisesti on hyväntekeväisyyttä. Henkilön auttaminen hänen ratsunsa suhteen nostamalla hänet sen selkään tai nostamalla hänen tavaransa sinne ylös on hyväntekeväisyyttä. Ja hyvä puhe on hyväntekeväisyyttä, ja jokainen askel, jonka henkilö ottaa kohti rukousta on hyväntekeväisyyttä. Ja haitallisen asian poistaminen tieltä on hyväntekeväisyyttä."

Tämän raportoi al-Bukhari (2989) ja Muslim (1009).

«كُلُّ سُلَامَى مِنَ النَّاسِ عَلَيْهِ صَدَقَةٌ كُلَّ يَوْمٍ تَطْلُعُ فِيهِ الشَّمْسُ يَعْدِلُ بَيْنَ الاثْنَيْنِ صَدَقَةٌ، وَيُعِينُ الرَّجُلَ فِي دَابَّتِهِ، فَيَحْمِلُهُ عَلَيْهَا، أَوْ يَرْفَعُ لَهُ عَلَيْهَا مَتَاعَهُ صَدَقَةٌ، وَالْكَلِمَةُ الطَّيِّبَةُ صَدَقَةٌ، وَبِكُلِّ خُطْوَةٍ يَمْشِيهَا إِلَى الصَّلَاةِ صَدَقَةٌ، وَتُمِيطُ الْأَذَى عَنِ الطَّرِيقِ صَدَقَةٌ»

رَوَاهُ البُخَارِيُّ (٢٩٨٩)، وَمُسْلِمٌ (١٠٠٩).

27. hadith: Hurskaus on hyvää käytöstä

الحَدِيثُ السَّابِعُ وَالعِشْرُونَ: البِرُّ حُسْنُ الخُلُقِ

An-Nawwas ibn Sam'aan al-Ansaarilta - Allah olkoon tyytyväinen häneen - on raportoitu, että hän sanoi: "Kysyin Allahin sanansaattajalta hurskaudesta ja synnistä, joten hän ﷺ sanoi:

"Hurskaus on hyvää käytöstä ja synti on sitä, mikä saa rintasi (eli sielusi) **epäröimään sekä sellainen** (teko), **jonka inhoaisit ihmisten saavan selville[1]."**

Tämän raportoi Muslim (2553).

عَنِ النَّوَّاسِ بْنِ سَمْعَانَ الْأَنْصَارِيِّ - رَضِيَ اللهُ عَنْهُ - قَالَ: سَأَلْتُ رَسُولَ اللَّهِ ﷺ عَنِ الْبِرِّ وَالْإِثْمِ، فَقَالَ:

«الْبِرُّ حُسْنُ الْخُلُقِ، وَالْإِثْمُ مَا حَاكَ فِي صَدْرِكَ وَكَرِهْتَ أَنْ يَطَّلِعَ عَلَيْهِ النَّاسُ»

رَوَاهُ مُسْلِمٌ (٢٥٥٣).

Ja Waabisah ibn Ma'badilta on raportoitu, että hän sanoi: "Minä tuli Allahin sanansaattajan ﷺ luokse ja hän sanoi:

"Tulit kysymään hurskaudesta ja synnistä?"

وَعَنْ وَابِصَةَ بْنِ مَعْبَدٍ قَالَ: «أَتَيْتُ رَسُولَ اللَّهِ ﷺ فَقَالَ:

جِئْتَ تَسْأَلُ عَنِ الْبِرِّ وَالْإِثْمِ؟

[1] Koraanissa ja *sunnassa* ilmoitettujen hurskauden piirteiden lisäksi.

Sanoin: "Kyllä." Hän ﷺ sanoi: **"Konsultoi sydäntäsi** (asioista, joista ei ole selkeää säädöstä). **Hurskaus on sitä, mistä sielusi tuntee rauhaa ja mistä sydän on tyytyväinen. Synti on[1] sitä, mikä saa sielusi epäröimään ja aiheuttaa epäilystä rinnassasi, vaikka ihmiset jatkuvasti sanoisivat** (mielipiteenä), **että se on sinulle sallittua.**

Tämä hadith on *hasan* (an-Nawawin mukaan). Olemme raportoineet sen kahden imaamin *Musnadeissa*: imaami Ahmad ibn Hanbalin (18028) sekä imaami ad-Daarimiin (2533) - *hasan*-ketjulla.

قُلْتُ: نَعَمْ، قَالَ:

«اسْتَفْتِ قَلْبَكَ، الْبِرُّ مَا اطْمَأَنَّتْ إِلَيْهِ النَّفْسُ، وَاطْمَأَنَّ إِلَيْهِ الْقَلْبُ، وَالْإِثْمُ مَا حَاكَ فِي النَّفْسِ، وَتَرَدَّدَ فِي الصَّدْرِ، وَإِنْ أَفْتَاكَ النَّاسُ وَأَفْتَوْكَ»

حَدِيثٌ حَسَنٌ، رُوِّينَاهُ فِي «مُسْنَدَيِ الإِمَامَيْنِ أَحْمَدَ بْنِ حَنْبَلٍ (١٨٠٢٨)، وَالدَّارِمِيِّ (٢٥٣٣)» بِإِسْنَادٍ حَسَنٍ.

28. hadith: Velvollisuus pitää kiinni sunnasta

Abu Najiih al-'Irbaad ibn Sariyalta - Allah olkoon tyytyväinen häneen - on raportoitu, että hän sanoi: "Allahin sanansaattaja ﷺ piti meille puheen, jonka vuoksi sydämemme täyttyivät pelolla ja kyyneleet tulivat silmiimme. Sanoimme: 'Oi Allahin sanansaattaja, on kuin tämä olisi hyvästelypuhe. Miten neuvoisit meitä?' Hän ﷺ sanoi:

'Minä neuvon teitä omaamaan *taqwaa* Allahia kohtaan ja kuuntelemaan ja tottelemaan (johtajianne)**, vaikka orjasta tulisi teidän johtajanne. Totisesti hän, joka elää jälkeeni, tulee näkemään paljon erimielisyyksiä. Teidän tulee pitäytyä minun *sunnassani* sekä hurskaiden ja oikein opastettujen johtajien *sunnassa*. Pitäkää siitä** (*sunnasta*) **kiinni takahampaillanne. Olkaa varuillanne uusista** (uskontoon liittyvistä) **keksityistä asioista, sillä**

الحَدِيثُ الثَّامِنُ والعِشْرُونَ: وُجُوبُ لُزُومِ السُّنَّةِ

عَنْ أَبِي نَجِيحٍ، الْعِرْبَاضِ بْنِ سَارِيَةَ - رَضِيَ اللَّهُ عَنْهُ - قَالَ: «وَعَظَنَا رَسُولُ اللَّهِ ﷺ مَوْعِظَةً، وَجِلَتْ مِنْهَا الْقُلُوبُ، وَذَرَفَتْ مِنْهَا الْعُيُونُ، فَقُلْنَا: يَا رَسُولَ اللَّهِ، كَأَنَّهَا مَوْعِظَةُ مُوَدِّعٍ، فَأَوْصِنَا، قَالَ:

أُوصِيكُمْ بِتَقْوَى اللَّهِ، وَالسَّمْعِ وَالطَّاعَةِ، وَإِنْ تَأَمَّرَ عَلَيْكُمْ عَبْدٌ، فَإِنَّهُ مَنْ يَعِشْ مِنْكُمْ فَسَيَرَى اخْتِلَافًا كَثِيرًا، فَعَلَيْكُمْ بِسُنَّتِي وَسُنَّةِ الْخُلَفَاءِ الرَّاشِدِينَ، عَضُّوا عَلَيْهَا بِالنَّوَاجِذِ، وَإِيَّاكُمْ وَمُحْدَثَاتِ الْأُمُورِ، فَإِنَّ كُلَّ بِدْعَةٍ ضَلَالَةٌ»

رَوَاهُ أَبُو دَاوُدَ (٤٦٠٧)، وَالتِّرْمِذِيُّ (٢٦٧٦)، وَقَالَ: «حَدِيثٌ حَسَنٌ صَحِيحٌ».

[1] Koraanissa ja *sunnassa* ilmoitettujen syntien lisäksi. Tämä ohjeistus ei päde niihin synteihin eikä säädöksiin, joiden säädös on kuitenkin selkeä Koraanissa tai *sunnassa*.

totisesti jokainen innovaatio (uskonnossa) **on harhassa.'"**

Tämän raportoi Abu Dawud (4607) ja at-Tirmidhi (2676) ja hän sanoi: "Tämä hadith on *hasan-sahih*." [Hadith on *sahih* al-Arna'utin mukaan]

29. hadith: Mikä saa aikaan pääsyn paratiisiin

Mu'adh ibn Jabalilta – Allah olkoon tyytyväinen häneen – on raportoitu, että hän sanoi: "Sanoin: 'Oi Allahin sanansaattaja, kerro minulle teko, joka vie minut paratiisiin ja pitää minut poissa tulesta?' Hän ﷺ sanoi:

'Totisesti, olet kysynyt suuresta asiasta ja totisesti se on helppoa hänelle, jolle Allah on tehnyt sen helpoksi. (Se on sitä, että) **palvot Allahia ilman, että asetat Hänen vertaisekseen mitään, suoritat rukoukset, annat almuveron, paastoat *ramadanin* ja suoritat pyhiinvaelluksen taloon** (Kaabaan).**'**

Sitten hän ﷺ sanoi:

'Enkö ohjaisi sinua hyvyyden porteille? Paasto on suojakilpi, hyväntekeväisyys pyyhkii syntejä kuin vesi sammuttaa tulen ja (hyvyys on myös) **miehen rukous, joka on suoritettu yön keskellä.'**

Sitten hän ﷺ resitoi (jakeet):

'Heidän kylkensä hylkäävät heidän sänkynsä – –' kunnes hän ﷺ saapui

الحَدِيثُ التَّاسِعُ وَالعِشْرُونَ: مَا يُدْخِلُ الجَنَّةَ

عَنْ مُعَاذِ بْنِ جَبَلٍ - رَضِيَ اللَّهُ عَنْهُ - قَالَ: قُلْتُ: يَا رَسُولَ اللَّهِ أَخْبِرْنِي بِعَمَلٍ يُدْخِلُنِي الْجَنَّةَ وَيُبَاعِدُنِي مِنَ النَّارِ، قَالَ:

لَقَدْ سَأَلْتَ عَنْ عَظِيمٍ وَإِنَّهُ لَيَسِيرٌ عَلَى مَنْ يَسَّرَهُ اللَّهُ تعالى عَلَيْهِ: تَعْبُدُ اللَّهَ لَا تُشْرِكُ بِهِ شَيْئًا، وَتُقِيمُ الصَّلَاةَ، وَتُؤْتِي الزَّكَاةَ، وَتَصُومُ رَمَضَانَ، وَتَحُجُّ الْبَيْتَ.

ثُمَّ قَالَ:

أَلَا أَدُلُّكَ عَلَى أَبْوَابِ الْخَيْرِ؟ الصَّوْمُ جُنَّةٌ، وَالصَّدَقَةُ تُطْفِئُ الْخَطِيئَةَ كَمَا يُطْفِئُ الْمَاءُ النَّارَ، وَصَلَاةُ الرَّجُلِ من جَوْفِ اللَّيْلِ،

ثُمَّ تَلَا:

﴿تَتَجَافَى جُنُوبُهُمْ عَنِ الْمَضَاجِعِ﴾ حَتَّى بَلَغَ: **﴿يَعْمَلُونَ﴾**،

kohtaan: *'- -* ***mitä he tekevät.'***[1] *(32:16-17)*

Sitten hän ﷺ sanoi:

'Enkö kertoisi sinulle asian päästä, sen pilarista ja sen huipusta?'

Sanoin: 'Tietenkin, oi Allahin sanansaattaja.' Hän ﷺ sanoi:

'Asian pää on islam, sen pilari on rukous ja sen huippu on (islamin ja muslimien puolesta) **ahertaminen.'**

Sitten hän ﷺ sanoi:

'Enkö kertoisi sinulle, mikä on kaiken tämän ydin?'

Sanoin: 'Kyllä, oi Allahin sanansaattaja.' Sitten hän ﷺ otti kiinni kielestään ja sanoi:

'Pidä tämä kurissa.'

Sanoin: 'Oi Allahin profeetta, laitetaanko meidät vastuuseen siitä, mitä sanomme?' Hän ﷺ sanoi:

'Menettäköön äitisi sinut (arabiankielinen sanonta)**, oi Mu'adh! Onko mitään, mikä heittää ihmisiä helvetin tuleen heidän kasvoilleen tai sieraimilleen enemmän kuin heidän kieltensä sato?'"**

Tämän raportoi at-Tirmidhi (2616) ja hän sanoi: "Tämä hadith on *hasan-sahih*."

ثُمَّ قَالَ:

أَلَا أُخْبِرُكَ بِرَأْسِ الْأَمْرِ وَعَمُودِهِ وَذُرْوَةِ سَنَامِهِ؟

قُلْتُ: بَلَى يَا رَسُولَ اللَّهِ، قَالَ:

رَأْسُ الْأَمْرِ الْإِسْلَامُ، وَعَمُودُهُ الصَّلَاةُ، وَذُرْوَةُ سَنَامِهِ الْجِهَادُ،

ثُمَّ قَالَ:

أَلَا أُخْبِرُكَ بِمِلَاكِ ذَلِكَ كُلِّهِ؟

قُلْتُ: بَلَى يَا رَسُولَ اللَّهِ، فَأَخَذَ بِلِسَانِهِ، قَالَ:

كُفَّ عَلَيْكَ هَذَا،

قُلْتُ: يَا نَبِيَّ اللَّهِ، وَإِنَّا لَمُؤَاخَذُونَ بِمَا نَتَكَلَّمُ بِهِ؟ فَقَالَ:

ثَكِلَتْكَ أُمُّكَ، وَهَلْ يَكُبُّ النَّاسَ فِي النَّارِ عَلَى وُجُوهِهِمْ، أَوْ عَلَى مَنَاخِرِهِمْ إِلَّا حَصَائِدُ أَلْسِنَتِهِمْ»

رَوَاهُ التِّرْمِذِيُّ (٢٦١٦) وَقَالَ: «حَدِيثٌ حَسَنٌ صَحِيحٌ».

---

[1] Koko jae kääntyy seuraavasti:

﴿تَتَجَافَىٰ جُنُوبُهُمْ عَنِ ٱلْمَضَاجِعِ يَدْعُونَ رَبَّهُمْ خَوْفًا وَطَمَعًا وَمِمَّا رَزَقْنَٰهُمْ يُنفِقُونَ﴾

"Heidän kylkensä hylkäävät heidän sänkynsä kutsuakseen heidän Valtiastaan pelosta ja toivosta. Ja he kuluttavat (hyväntekeväisyyttä) siitä, mitä Me olemme heille siunanneet.

﴿فَلَا تَعْلَمُ نَفْسٌ مَّآ أُخْفِيَ لَهُم مِّن قُرَّةِ أَعْيُنٍ جَزَآءًۢ بِمَا كَانُوا۟ يَعْمَلُونَ﴾

Yksikään sielu ei tiedä, mitä iloa heiltä on pidetty piilossa palkkiona siitä, mitä heillä oli tapana tehdä." (32:16-17)

30. hadith: Allahin, Korkeimman, oikeudet

Abu Tha'labah al-Khushani Gurthuum ibn Naashirilta - Allah olkoon tyytyväinen häneen - on raportoitu, että Allahin sanansaattaja ﷺ sanoi:

"Totisesti Allah on asettanut pakollisia uskonnollisia velvollisuuksia, joten älkää laiminlyökö niitä. Hän on asettanut rajat, joten älkää ylittäkö niitä.

Ja Hän on kieltänyt joitakin asioita, joten älkää rikkoko näitä (kieltoja)**. Ja Hän on pysynyt vaiti joistakin asioista armon vuoksi - ei unohtavaisuuden takia - joten älkää tutkiko niitä."**

Tämä hadith on *hasan* (an-Nawawin mukaan). Sen on raportoinut ad-Daaraqutni (184) sekä muut. [Hadith on *sahih* ibn al-Qayyimin mukaan.]

الحَدِيثُ الثَّلَاثُونَ: حُقُوقُ اللَّهِ تَعَالَى

عَنْ أَبِي ثَعْلَبَةَ الخُشَنِيِّ - جُرْثُومِ بْنِ نَاشِرٍ - رَضِيَ اللَّهُ عَنْهُ - عَنْ رَسُولِ اللَّهِ ﷺ، قَالَ:

«إِنَّ اللَّهَ فَرَضَ فَرَائِضَ، فَلَا تُضَيِّعُوهَا، وَحَدَّ حُدُودًا فَلَا تَعْتَدُوهَا،

وَحَرَّمَ أَشْيَاءَ، فَلَا تَنْتَهِكُوهَا، وَسَكَتَ عَنْ أَشْيَاءَ رَحْمَةً لَكُمْ غَيْرَ نِسْيَانٍ، فَلَا تَبْحَثُوا عَنْهَا»

حَدِيثٌ حَسَنٌ، رَوَاهُ الدَّارَقُطْنِي (١٨٤) وَغَيْرُهُ.

31. hadith: Askeettisuuden aito tarkoitus

Abu Abbaas Sahl ibn Sa'd as-Saa'idi - Allah olkoon tyytyväinen häneen - sanoi: "Eräs mies tuli profeetan ﷺ luokse ja hän sanoi: 'Oi Allahin sanansaattaja, ohjaa minut tekoon, joka saa Allahin sekä ihmiset rakastamaan minua tehdessäni sitä.' Hän ﷺ sanoi:

'Luovu kiintymyksestä tätä maailmaa kohtaan (askeettisesti) **ja Allah tulee rakastamaan sinua. Luovu niiden asioiden tavoittelemisesta, mitä ihmiset omistavat ja ihmiset tulevat rakastamaan sinua.'"**

Tämä hadith on *hasan* (an-Nawawin mukaan). Sen raportoi ibn Majah (4102) ja muut *hasan*-kertomaketjuilla.

الحَدِيثُ الحَادِي وَالثَّلَاثُونَ: الزُّهْدُ الحَقِيقِيُّ

عَنْ أَبِي العَبَّاسِ، سَهْلِ بْنِ سَعْدٍ السَّاعِدِيِّ - رَضِيَ اللَّهُ عَنْهُ - قَالَ: جَاءَ رَجُلٌ إِلَى النَّبِيِّ ﷺ فَقَالَ: يَا رَسُولَ اللَّهِ دُلَّنِي عَلَى عَمَلٍ إِذَا عَمِلْتُهُ أَحَبَّنِي اللَّهُ، وَأَحَبَّنِي النَّاسُ، فَقَالَ:

«ازْهَدْ فِي الدُّنْيَا يُحِبَّكَ اللَّهُ، وَازْهَدْ فِيمَا عِنْدَ النَّاسِ يُحِبَّكَ النَّاسُ»

حَدِيثٌ حَسَنٌ، رَوَاهُ ابْنُ مَاجَهْ (٤١٠٢) وَغَيْرُهُ، بِأَسَانِيدَ حَسَنَةٍ.

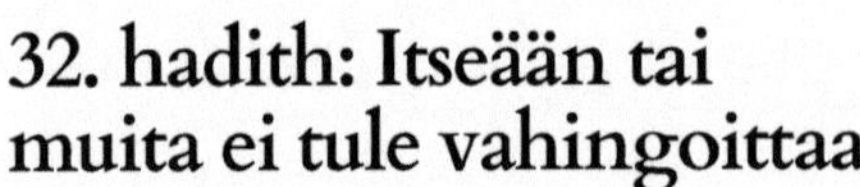

32. hadith: Itseään tai muita ei tule vahingoittaa

Abu Sa'id al-Khudri - Allah olkoon tyytyväinen häneen - raportoi, että profeetta ﷺ sanoi:

"Ei tulisi aiheuttaa haittaa, eikä vastavuoroisesti haitata."[1]

Tämä hadith on *hasan* (an-Nawawin mukaan). Sen on raportoinut ibn Majah, ad-Daaraqutnin sekä muut kokonaisella kertomaketjulla. Ja sen raportoi Maalik *Muwattassa* (ketjulla): "Amr ibn Yahya raportoi hänen isältään, joka raportoi profeetalta ﷺ *mursalina* (ilman seuralaisen mainintaa), sillä hän jätti Abu Sa'iidin mainitsematta. Ja tällä (hadithilla) on monia kertomaketjuja vahvistamassa toinen toisiaan.

الحَدِيثُ الثَّانِي وَالثَّلَاثُونَ: لَا ضَرَرَ وَلَا ضِرَارَ

عَنْ أَبِي سَعِيدٍ الْخُدْرِيِّ – رَضِيَ اللَّهُ عَنْهُ – أَنَّ النَّبِيَّ ﷺ قَالَ:

«لَا ضَرَرَ وَلَا ضِرَارَ»

حَدِيثٌ حَسَنٌ، رَوَاهُ ابْنُ مَاجَهْ، وَالدَّارَقُطْنِيُّ، وَغَيْرُهُمَا، مُسْنَدًا. وَرَوَاهُ مَالِكٌ فِي «الْمُوَطَّإِ» – عَنْ عَمْرِو بْنِ يَحْيَى، عَنْ أَبِيهِ، عَنِ النَّبِيِّ ﷺ مُرْسَلًا، فَأَسْقَطَ أَبَا سَعِيدٍ. وَلَهُ طُرُقٌ يُقَوِّي بَعْضُهَا بَعْضًا.

33. hadith: Väittäjän on tuotava todiste

Ibn Abbasilta - Allah olkoon tyytyväinen heihin - on raportoitu, että Allahin sanansaattaja ﷺ sanoi:

"Jos ihmisille annettaisiin kaikki, mitä he vaativat väitteistään, niin miehet tulisivat vaatimaan (epäoikeudenmukaisesti) **toisten ihmisten omaisuuksia ja elämiä. Mutta todisteen esittämisen velvollisuus on vaatimuksen esittäjän yllä ja vannomisen velvollisuus on hänen yllään, joka kieltää** (sen, mitä hänestä väitetään)."

الحَدِيثُ الثَّالِثُ وَالثَّلَاثُونَ: الْبَيِّنَةُ عَلَى الْمُدَّعِي

عَنِ ابْنِ عَبَّاسٍ – رَضِيَ اللَّهُ عَنْهُمَا – أَنَّ رَسُولَ اللَّهِ ﷺ قَالَ:

«لَوْ يُعْطَى النَّاسُ بِدَعْوَاهُمْ، لَادَّعَى رِجَالٌ أَمْوَالَ قَوْمٍ وَدِمَاءَهُمْ لَكِنِ الْبَيِّنَةُ عَلَى الْمُدَّعِي وَالْيَمِينُ عَلَى مَنْ أَنْكَرَ»

حَدِيثٌ حَسَنٌ، رَوَاهُ الْبَيْهَقِيُّ (٢١٧٣٣) وَغَيْرُهُ هَكَذَا، وَبَعْضُهُ فِي «الصَّحِيحَيْنِ».

[1] Hadithin voi myös kääntää: "Älä aiheuta haittaa itsellesi, äläkä muille." ja muutamalla muulla vaihtoehdolla huomioiden eri selitykset hadithin merkityksestä. Ibn Rajab al-Hanbali - Allah armahtakoon hänet - sanoi tästä hadithista:

واختلَفوا هَل بَينَ اللفظَين – أعني الضَّرر وَالضِّرَار – فرق أم لَا؟ ... فَالمَعنَى: أَنَّ الضررَ نفسه مُنتَفٍ فِي الشرع ... وَالضرار: أَن يَدْخُل عَلَى غيره ضررًا.

"Ja he (eli oppineet) ovat erimielisiä siitä, onko (näiden) kahden sanan - tarkoitan '*darar* ja *diraar*' - välillä eroa tai ei? - - Joten se (ensimmäinen sana) tarkoittaa sitä, että itsessään haitallisuus on jotain, mitä *sharia* hylkää (ja kieltää). - - ja '*diraar*' on sitä, että hän aiheuttaa muille haittaa." (*Jaami' al-'ulum wal-hikam* 911/3)

Tämä hadith on *hasan* (an-Nawawin mukaan). Sen raportoi al-Bayhaqi (21733) ja muut samalla tavalla. Osa siitä on mainittu kahdessa autenttisessa (eli *al-Bukharissa* sekä *Muslimissa*).

34. hadith: Hyvään käskeminen ja pahan kieltäminen

الحَدِيثُ الرَّابِعُ وَالثَّلَاثُونَ: الأَمْرُ بِالمَعْرُوفِ وَالنهيُ عَنِ المُنْكَرِ

Abu Sa'iid al-Khudri - Allah olkoon tyytyväinen häneen - sanoi: "Kuulin Allahin sanansaattajan ﷺ sanovan:

عَنْ أَبِي سَعِيدٍ الْخُدْرِيِّ - رَضِيَ اللَّهُ عَنْهُ - قَالَ: سَمِعْتُ رَسُولَ اللَّهِ ﷺ يَقُولُ:

"Kuka ikinä teistä näkee pahaa, vaihtakoon hän sen kädellään[1]. Jos hän ei pysty siihen, niin hänen kielellään[2] ja jos hän ei pysty siihen, niin sitten hänen sydämellään[3] - ja tuo on uskon heikoin taso[4]."

«مَنْ رَأَى مِنْكُمْ مُنْكَرًا فَلْيُغَيِّرْهُ بِيَدِهِ، فَإِنْ لَمْ يَسْتَطِعْ فَبِلِسَانِهِ، فَإِنْ لَمْ يَسْتَطِعْ فَبِقَلْبِهِ، وَذَلِكَ أَضْعَفُ الْإِيمَانِ»

Tämän raportoi Muslim (49).

رَوَاهُ مُسْلِمٌ (٤٩).

[1] Islamin rajoissa sallitulla tavalla.

[2] Kielellä muuttamiseen kuuluu neuvominen, hyvään käskeminen tai rohkaiseminen sekä pahan kieltäminen tai säädöksien esille tuominen. Jokaisella on oltava ymmärrys siitä, mitä hän sanoo, jos hän ottaa askeleen muuttaakseen tilannetta hänen kielellään.

Sufyan at-Thawri - Allah armahtakoon hänet - sanoi:

لا يَأْمُرُ بِالْمَعْرُوفِ وَلا يَنْهَى عَنِ الْمُنْكَرِ إِلا مَنْ كَانَ فِيهِ خِصَالٌ ثَلاثٌ رَفِيقٌ بِمَا يَأْمُرُ رَفِيقٌ بِمَا يَنْهَى عَدْلٌ بِمَا يَأْمُرُ عَدْلٌ بِمَا يَنْهَى عَالِمٌ بِمَا يَأْمُرُ عَالِمٌ بِمَا يَنْهَى.

"Hyvään käskeminen ja pahaan kieltäminen on sopivaa vain hänelle, jolla on kolme ominaisuutta: (1) lempeys siinä, mihin hän käskee ja mitä hän kieltää, (2) oikeudenmukaisuus siinä, mihin hän käskee ja mitä hän kieltää, (3) ja tieto siitä, mihin hän käskee ja mitä hän kieltää."

(*Al-Amr bil-ma'ruuf lil-khallaal* 32)

Tämä tarkoittaa sitä, että meidän tulee olla varmoja onko asia kiellettyä uskonnossa, jos kiellämme sen ihmisiltä. Samalla tavalla meidän olisi hyvä tietää onko asia, johon käskemme, ainoa oikea vaihtoehto Koraanin ja *sunnan* pohjalta.

Al-Qadi Abu Ya'la - Allah armahtakoon hänet - sanoi:

لَا يَأْمُرُ بِالْمَعْرُوفِ وَيَنْهَى عَنِ الْمُنْكَرِ إِلَّا مَنْ كَانَ فَقِيهًا فِيمَا يَأْمُرُ بِهِ فَقِيهًا فِيمَا يَنْهَى عَنْهُ رَفِيقًا فِيمَا يَأْمُرُ بِهِ رَفِيقًا فِيمَا يَنْهَى عَنْهُ حَلِيمًا فِيمَا يَأْمُرُ بِهِ حَلِيمًا فِيمَا يَنْهَى عَنْهُ.

"Kenenkään teistä ei tule kutsua hyvään eikä kieltää pahaa, ellei henkilö ymmärrä mihin hän käskee ja mitä hän kieltää. Ja jokaisen tulee olla lempeä ja kärsivällinen, kun hän käskee ja kieltää."

(*Al-Amr bil ma'ruf li-ibn Taymiyyah* 1/20-21)

[3] Eli inhotkoon hän pahuutta sydämessään ja toimikoon hän sen mukaisesti esimerkiksi poistumalla tilanteesta ja rukoilemalla asiasta Allahille - Kaikkivaltiaalle, jolla on kyky vaikuttaa asiaan. Ja Allah tekee, mitä Hän tahtoo.

[4] Eli se, että asian eteen ei pyri tekemään kaikkea, mitä voisi, kuten neuvoa tilanteessa muita.

35. hadith: Veljeys islamissa

الحَدِيثُ الخَامِسُ وَالثَّلَاثُونَ: أُخُوَّةُ الإِسْلَامِ

Abu Huraira - Allah olkoon tyytyväinen häneen - sanoi, että Allahin sanansaattaja ﷺ sanoi:

عَنْ أَبِي هُرَيْرَةَ - رَضِيَ اللَّهُ عَنْهُ - قَالَ: قَالَ رَسُولُ اللَّهِ ﷺ:

"Älkää olko kateellisia toisillenne[1], älkääkä paisuttako hintoja toisillenne, älkääkä inhotko toisianne, ja älkää kääntykö pois toistenne luota[2], älkääkä pettäkö kaupankäynnin aikana tehtyjä sopimuksia. Olkaa sen sijaan Allahin palvelijoita veljinä. Muslimi on toisen muslimin veli. Hän ei tee vääryyttä tälle, eikä hän häpäise tätä, eikä hän valehtele tälle[3], eikä hän katso häntä alaspäin. Hurskaus on täällä."

«لَا تَحَاسَدُوا، وَلَا تَنَاجَشُوا، وَلَا تَبَاغَضُوا، وَلَا تَدَابَرُوا، وَلَا يَبِعْ بَعْضُكُمْ عَلَى بَيْعِ بَعْضٍ، وَكُونُوا عِبَادَ اللَّهِ إِخْوَانًا، الْمُسْلِمُ أَخُو الْمُسْلِمِ، لَا يَظْلِمُهُ، وَلَا يَخْذُلُهُ، وَلَا يَكْذِبُهُ، وَلَا يَحْقِرُهُ، التَّقْوَى هَاهُنَا؛

Ja hän ﷺ osoitti hänen rintaansa kolme kertaa (ja hän ﷺ jatkoi):

وَيُشِيرُ إِلَى صَدْرِهِ ثَلَاثَ مَرَّاتٍ -

"On tarpeeksi paha, että muslimi katsoo veljeään alaspäin. Kaikki muslimissa on toiselle muslimille pyhää[4] - hänen henkensä, hänen omaisuutensa ja hänen kunniansa."

بِحَسْبِ امْرِئٍ مِنَ الشَّرِّ أَنْ يَحْقِرَ أَخَاهُ الْمُسْلِمَ، كُلُّ الْمُسْلِمِ عَلَى الْمُسْلِمِ حَرَامٌ، دَمُهُ، وَمَالُهُ، وَعِرْضُهُ»

Tämän raportoi Muslim (2564).

رَوَاهُ مُسْلِمٌ (٢٥٦٤).

[1] Eli, jos tunnette kateutta, niin älkää tehkö toisillenne haittaa kateuden vuoksi, vaan pyytäkää toisillenne pyyntörukouksissanne siunausta asiaan, josta tunnette kateutta. Profeetta ﷺ sanoi:

إِذَا رَأَى أَحَدُكُمْ مِنْ أَخِيهِ أَوْ مِنْ نَفْسِهِ أَوْ مِنْ مَالِهِ مَا يُعْجِبُهُ فَلْيُبَرِّكْهُ فَإِنَّ الْعَيْنَ حَقٌّ.

"Jos joku teistä näkee jotain hänen veljellään tai hänessä itsessä tai hänen omaisuudessaan, joka tekee häneen vaikutuksen, niin pyytäköön hän siunausta siihen. Totisesti, kateellisen paha silmä on totta (Allahin luvalla)." (*Musnad Ahmad* 15700, *sahih* al-Albanin mukaan)

'Aqil bin Abu Talib raportoi, että hän meni naimisiin ja hänelle rukoiltiin harmoniaa ja paljon lapsia. Hän sanoi ihmisille: "Älkää sanoko noin, vaan sanokaa, mitä profeetta ﷺ sanoi:

اللَّهُمَّ بَارِكْ لَهُمْ وَبَارِكْ عَلَيْهِمْ.

'Allahumma bäärik lähum wä bäärik 'äläjhim (Oi Allah, siunaa heitä ja suo siunauksia heidän ylleensä).' " (*Sunan ibn Majah* 1906, *sahih* al-Albaanin mukaan)

Abu Darda raportoi, että profeetta ﷺ sanoi:

مَا مِنْ عَبْدٍ مُسْلِمٍ يَدْعُو لِأَخِيهِ بِظَهْرِ الْغَيْبِ إِلَّا قَالَ الْمَلَكُ وَلَكَ بِمِثْلٍ.

"Ei ole ketään muslimipalvelijaa, joka pyytää (Allahilta) **hänen veljelleen hänen selkänsä takana paitsi, että enkeli sanoo** (hänelle)**: 'Ja samaa sinulle.'"** (*Sahih Muslim* 2732)

[2] Silloin, kun toinen tarvitsee sinua.

[3] "- - **eikä valehtele tälle** - -" on mainittu vain *at-Tirmidhin* raportoimassa hadithissa (1927), joka on *sahih* al-Albaanin mukaan.

[4] Eli on kiellettyä loukata tai satuttaa.

36. hadith: Allahin muistamisen vuoksi kokoontuminen

الحَدِيثُ السَّادِسُ وَالثَّلَاثُونَ: الاجْتِمَاعُ عَلَى الذِّكْرِ

Abu Huraira - Allah olkoon tyytyväinen häneen - raportoi, että Allahin sanansaattaja ﷺ sanoi:

عَنْ أَبِي هُرَيْرَةَ ـ رَضِيَ اللَّهُ عَنْهُ ـ عَنْ رَسُولِ اللَّهِ ﷺ، قَالَ:

“Kuka ikinä poistaa vaikeuden uskovaisen maallisista vaikeuksista, niin Allah tulee poistamaan häneltä (auttajalta) **vaikeuden tuomiopäivän vaikeuksista.**

«مَنْ نَفَّسَ عَنْ مُؤْمِنٍ كُرْبَةً مِنْ كُرَبِ الدُّنْيَا، نَفَّسَ اللَّهُ عَنْهُ كُرْبَةً مِنْ كُرَبِ يَوْمِ الْقِيَامَةِ،

Ja kuka ikinä tuo helpotusta hänelle, joka on vaikeudessa, niin Allah tulee tuomaan helpotusta hänelle (auttajalle) **tässä maailmassa ja tuonpuoleisessa.**

وَمَنْ يَسَّرَ عَلَى مُعْسِرٍ، يَسَّرَ اللَّهُ عَلَيْهِ فِي الدُّنْيَا وَالْآخِرَةِ،

Kuka ikinä peittää muslimin virheet, niin Allah tulee peittämään hänen (peittäjän) **virheet tässä maailmassa ja tuonpuoleisessa.**

وَمَنْ سَتَرَ مُسْلِمًا، سَتَرَهُ اللَّهُ فِي الدُّنْيَا وَالْآخِرَةِ،

Allah on palvelijan apuna niin kauan kuin palvelija on hänen veljensä apuna.

وَاللَّهُ فِي عَوْنِ الْعَبْدِ، مَا كَانَ الْعَبْدُ فِي عَوْنِ أَخِيهِ،

Ja kuka ikinä ottaa tien opiskellakseen (uskonnollista) **tietoa, niin Allah tekee hänelle tien paratiisiin helpoksi.**

وَمَنْ سَلَكَ طَرِيقًا يَلْتَمِسُ فِيهِ عِلْمًا، سَهَّلَ اللَّهُ لَهُ بِهِ طَرِيقًا إِلَى الْجَنَّةِ،

Ei ole ihmisryhmää, jotka kokoontuisivat yhteen Allahin taloon resitoimaan Hänen Kirjaansa ja opiskelemaan sitä keskenään paitsi, että tyyneys laskeutuu heidän ylleen, armo peittää heidät, ja enkelit ympäröivät heidät ja Allah tulee mainitsemaan heidät niiden joukossa, jotka ovat Hänen luonaan.

وَمَا اجْتَمَعَ قَوْمٌ فِي بَيْتٍ مِنْ بُيُوتِ اللَّهِ، يَتْلُونَ كِتَابَ اللَّهِ، وَيَتَدَارَسُونَهُ بَيْنَهُمْ، إِلَّا نَزَلَتْ عَلَيْهِمُ السَّكِينَةُ، وَغَشِيَتْهُمُ الرَّحْمَةُ، وَحَفَّتْهُمُ الْمَلَائِكَةُ، وَذَكَرَهُمُ اللَّهُ فِيمَنْ عِنْدَهُ،

Ja ketä hidastaa hänen omat tekonsa (pääsemästä paratiisiin), **ei hänen sukupuunsa voi auttaa häntä eteenpäin."**

وَمَنْ بَطَّأَ بِهِ عَمَلُهُ، لَمْ يُسْرِعْ بِهِ نَسَبُهُ»

Tämän raportoi Muslim (2699) tällä sanoituksella.

رَوَاهُ مُسْلِمٌ بِهَذَا اللَّفْظِ (٢٦٩٩).

37. hadith: Allahin, Korkeimman, suosio

الحَدِيثُ السَّابِعُ وَالثَّلَاثُونَ: فَضْلُ اللَّهِ تَعَالَى

Ibn Abbasilta - Allah olkoon tyytyväinen heihin - on raportoitu, että Allahin sanansaattaja ﷺ raportoi hänen Valtiaansa - Mahtavan ja Majesteettisen - sanoneen:

"Totisesti, Allah on kirjoittanut hyvät teot ja huonot teot ja sitten Hän selitti ne.

Kuka ikinä aikoi tehdä hyvän teon, mutta ei tehnyt sitä[1], niin Allah kirjoittaa hänelle sen yhtenä kokonaisena hyvänä tekona. Jos hän aikoi tehdä sen ja teki sen, niin Allah kirjoittaa sen hänelle kymmenestä hyvästä teosta seitsemänsataakertaiseen asti tai moninkertaisesti enemmän[2].

Jos joku aikoi tehdä huonon teon, mutta ei tehnyt sitä, niin Allah kirjoittaa hänelle kokonaisen hyvän teon. Jos hän aikoi tehdä sen (huonon teon) **ja sitten teki sen, niin Allah kirjoittaa sen hänelle yhdeksi huonoksi teoksi."**

Tämän raportoi al-Bukhari (6491) ja Muslim (131) heidän *sahih*-kokoelmissaan näillä sanoilla.

عَنِ ابْنِ عَبَّاسٍ - رَضِيَ اللَّهُ عَنْهُمَا - عَنْ رَسُولِ اللَّهِ ﷺ فِيمَا يَرْوِي عَنْ رَبِّهِ - عَزَّ وَجَلَّ - قَالَ:

«إِنَّ اللَّهَ كَتَبَ الْحَسَنَاتِ وَالسَّيِّئَاتِ ثُمَّ بَيَّنَ ذَلِكَ،

فَمَنْ هَمَّ بِحَسَنَةٍ فَلَمْ يَعْمَلْهَا كَتَبَهَا اللَّهُ عِنْدَهُ حَسَنَةً كَامِلَةً، وَإِنْ هَمَّ بِهَا فَعَمِلَهَا كَتَبَهَا اللَّهُ عِنْدَهُ عَشْرَ حَسَنَاتٍ إِلَى سَبْعِ مِئَةِ ضِعْفٍ إِلَى أَضْعَافٍ كَثِيرَةٍ،

وَإِنْ هَمَّ بِسَيِّئَةٍ فَلَمْ يَعْمَلْهَا كَتَبَهَا اللَّهُ عِنْدَهُ حَسَنَةً كَامِلَةً، وَإِنْ هَمَّ بِهَا فَعَمِلَهَا كَتَبَهَا اللَّهُ سَيِّئَةً وَاحِدَةً»

رَوَاهُ الْبُخَارِيُّ (٦٤٩١)، وَمُسْلِمٌ (١٣١) فِي «صَحِيحَيْهِمَا» بِهَذِهِ الْحُرُوفِ.

38. hadith: Keinot lähestyä Allahia

الحَدِيثُ الثَّامِنُ وَالثَّلَاثُونَ: وَسِيلَةُ القُرْبِ

Abu Huraira - Allah olkoon tyytyväinen häneen - sanoi, että Allahin sanansaattaja ﷺ sanoi:

"Totisesti, Allah - Korkein - sanoi: 'Kuka

عَنْ أَبِي هُرَيْرَةَ - رَضِيَ اللَّهُ عَنْهُ - قَالَ: قَالَ رَسُولُ اللَّهِ ﷺ:

[1] Itsestään riippumattomista syistä.

[2] Allah kirjoittaa, mitä Hän tahtoo ja Hän arvioi teot, miten Hän tahtoo.

ikinä osoittaa vihamielisyyttä Minun ystävälleni (tai liittolaiselleni), niin totisesti Olen julistanut sodan häntä vastaan.

«إِنَّ اللَّهَ تَعَالَى قَالَ مَنْ عَادَى لِي وَلِيًّا، فَقَدْ آذَنْتُهُ بِالْحَرْبِ

Minun palvelijani ei lähesty Minua millään, mikä olisi rakkaampaa Minulle kuin pakollisilla teoilla, joita Olen asettanut hänelle velvollisuuksiksi. Ja Minun palvelijani jatkaa lähestymistä Minuun vapaaehtoisilla teoilla, kunnes rakastan häntä.

وَمَا تَقَرَّبَ إِلَيَّ عَبْدِي بِشَيْءٍ أَحَبَّ إِلَيَّ مِمَّا افْتَرَضْتُ عَلَيْهِ، وَلَا يَزَالُ عَبْدِي يَتَقَرَّبُ إِلَيَّ بِالنَّوَافِلِ حَتَّى أُحِبَّهُ،

Kun rakastan häntä, Olen hänen korvansa, joilla hän kuulee, hänen näkönsä, jolla hän näkee, hänen kätensä, joilla hän kurkottaa ja hänen jalkansa, joilla hän kävelee[1]. Ja jos hän pyytää Minulta jotain, niin annan sen hänelle ja jos hän pyytää Minulta turvaa, niin totisesti suon hänelle turvaa.

فَإِذَا أَحْبَبْتُهُ، كُنْتُ سَمْعَهُ الَّذِي يَسْمَعُ بِهِ، وَبَصَرَهُ الَّذِي يُبْصِرُ بِهِ، وَيَدَهُ الَّتِي يَبْطِشُ بِهَا، وَرِجْلَهُ الَّتِي يَمْشِي بِهَا، وَإِنْ سَأَلَنِي أَعْطَيْتُهُ، وَلَئِنِ اسْتَعَاذَنِي لَأُعِيذَنَّهُ»

Tämän raportoi al-Bukhari (6502).

رَوَاهُ الْبُخَارِيُّ (٦٥٠٢).

39. hadith: Piittaamattomuus virheellistä kohtaan

الحَدِيثُ التَّاسِعُ وَالثَّلَاثُونَ: التَّجَاوُزُ عَنِ الْمُخْطِئِ

Ibn Abbas - Allah olkoon tyytyväinen heihin - raportoi, että Allahin sanansaattaja ﷺ sanoi:

عَنِ ابْنِ عَبَّاسٍ - رَضِيَ اللَّهُ عَنْهُمَا - أَنَّ رَسُولَ اللَّهِ ﷺ قَالَ:

"Totisesti, Allah ei välitä yhteisöni (rehellisistä) vahingoista, unohtavaisuudesta eikä siitä, mitä heitä on pakotettu tekemään."

«إِنَّ اللَّهَ تَجَاوَزَ لِي عَنْ أُمَّتِي الْخَطَأَ وَالنِّسْيَانَ، وَمَا اسْتُكْرِهُوا عَلَيْهِ»

Tämä hadith on *hasan* (an-Nawawin mukaan). Sen raportoi ibn Majah (2043) ja al- Bayhaqi (11 454) ja muut [ja al-Albaani luokitteli sen autenttiseksi].

حَدِيثٌ حَسَنٌ، رَوَاهُ ابْنُ مَاجَهْ (٢٠٣٦)، وَالْبَيْهَقِيُّ (١١٤٥٤)، وَغَيْرُهُمَا [وَصَحَّحَهُ الأَلْبَانِي].

[1] Eli Allah johdattaa näitä kehon osia tekemään menestyksen tekoja. Hän ei ole luomakuntansa sisällä. Ibn al-Uthaymiin - Allah armahtakoon hänet - sanoi tästä hadithin kohdasta:

المَعْنَى: أَنْ يُوَفَّقَ هَذَا الإِنْسَانُ فِيمَا يَسْمَعُ وَيُبْصِرُ وَيَمْشِي وَيَبْطِشُ.

"(Näiden lausuntojen) merkitys on, että tälle henkilölle annetaan menestystä (*at-tawfiiq*) siinä, mitä hän kuulee, näkee, (minne hän) kävelee ja (mitä hän) kurkottaa."

(*Sharh al-arba'een al-nawawiyyah, al-Uthaymiin,* 1/377)

40. hadith: Tuonpuoleisen viljely

Ibn Umar - Allah olkoon tyytyväinen heihin - sanoi: “Allahin sanansaattaja ﷺ otti minun olkapäästäni kiinni ja sanoi:

‘Ole tässä maailmassa kuin olisit vieras tai matkustaja polulla.‘

Ja ibn Umarilla oli tapana sanoa:

“Jos saavutat illan, älä oleta, että elät aamuun asti. Jos saavutat aamun, älä oleta, että elät iltaan asti. Käytä hyväksi terveyttäsi ennen sairauksiasi, ja elämääsi ennen kuolemaasi.“

Tämän raportoi al-Bukhari (6316).

الحَدِيثُ الأَرْبَعُونَ: مَزْرَعَةٌ لِلآخِرَةِ

عَنِ ابْنِ عُمَرَ ـ رَضِيَ اللَّهُ عَنْهُمَا ـ قَالَ: «أَخَذَ رَسُولُ اللَّهِ ﷺ بِمَنْكِبِي، فَقَالَ:

كُنْ فِي الدُّنْيَا كَأَنَّكَ غَرِيبٌ أَوْ عَابِرُ سَبِيلٍ.

وَكَانَ ابْنُ عُمَرَ يَقُولُ:

إِذَا أَمْسَيْتَ، فَلَا تَنْتَظِرِ الصَّبَاحَ، وَإِذَا أَصْبَحْتَ فَلَا تَنْتَظِرِ الْمَسَاءَ، وَخُذْ مِنْ صِحَّتِكَ لِمَرَضِكَ، وَمِنْ حَيَاتِكَ لِمَوْتِكَ»

رَوَاهُ الْبُخَارِيُّ (٦٤١٦).

41. hadith: Himojen vastustaminen

Abu Muhammad Abdullah ibn ’Amr ibn al-’Aas - Allah olkoon tyytyväinen heihin - sanoi, että Allahin sanansaattaja ﷺ sanoi:

“Kukaan teistä ei usko (aidosti)**, kunnes hänen halunsa seuraavat sitä** (johdatusta)**, jonka kanssa minä olen saapunut.”**

Tämä hadith on *sahih* (an-Nawawin mukaan). Olemme raportoineet sen "*Kitaab al-hujjah*" - kirjassa autenttisella kertomaketjulla.

الحَدِيثُ الحَادِي وَالأَرْبَعُونَ: مُخَالَفَةُ الهَوَى

عَنْ أَبِي مُحَمَّدٍ، عَبْدِ اللَّهِ بْنِ عَمْرِو بْنِ الْعَاصِ ـ رَضِيَ اللَّهُ عَنْهُمَا ـ قَالَ: قَالَ رَسُولُ اللَّهِ ﷺ:

«لَا يُؤْمِنُ أَحَدُكُمْ حَتَّى يَكُونَ هَوَاهُ تَبَعًا لِمَا جِئْتُ بِهِ»

حَدِيثٌ صَحِيحٌ، رُوِّينَاهُ فِي كِتَابِ «الحُجَّةِ» بِإِسْنَادٍ صَحِيحٍ.

42. hadith: Katumus

Anas ibn Malik - Allah olkoon tyytyväinen häneen - sanoi, että Allahin

الحَدِيثُ الثَّانِي وَالأَرْبَعُونَ: التَّوْبَةُ

عَنْ أَنَسِ بْنِ مَالِكٍ ـ رَضِيَ اللَّهُ عَنْهُ ـ قَالَ:

sanansaattaja ﷺ sanoi:

“Allah - Korkein - sanoi: ‘Oi Aadamin lapsi, totisesti, niin kauan kuin pyydät Minulta ja toivot Minulta, tulen antamaan sinulle anteeksi sen, mitä olet tehnyt, enkä välitä.

Oi Aadamin lapsi, jos syntisi ulottuisivat taivaiden pilviin ja pyytäisit Minulta anteeksiantoa, Minä antaisin sinulle anteeksi.

Oi Aadamin lapsi, totisesti, jos tulisit luokseni lähes maapallon verran syntejä kanssasi, ja tapaisit Minut ilman, että asetat mitään rinnalleni, niin tulisin sinua vastaan lähes maapallon verran anteeksiantoa kanssani.‘“

Tämän raportoi at-Tirmidhi (3540) ja hän sanoi: “Hadith on *hasan*.” [Ja al-Albaani luokitteli sen autenttiseksi (*sahih*).]

سَمِعْتُ رَسُولَ اللَّهِ ﷺ يَقُولُ:

«قَالَ اللَّهُ تَعَالَى: يَا بْنَ آدَمَ، إِنَّكَ مَا دَعَوْتَنِي وَرَجَوْتَنِي غَفَرْتُ لَكَ عَلَى مَا كَانَ مِنْكَ وَلَا أُبَالِي،

يَا ابْنَ آدَمَ، لَوْ بَلَغَتْ ذُنُوبُكَ عَنَانَ السَّمَاءِ، ثُمَّ اسْتَغْفَرْتَنِي، غَفَرْتُ لَكَ،

يَا ابْنَ آدَمَ، إِنَّكَ لَوْ أَتَيْتَنِي بِقُرَابِ الْأَرْضِ خَطَايَا، ثُمَّ لَقِيتَنِي لَا تُشْرِكُ بِي شَيْئًا، لَأَتَيْتُكَ بِقُرَابِهَا مَغْفِرَةً»

رَوَاهُ التِّرْمِذِيُّ (٣٥٤٠)، وَقَالَ: «حَدِيثٌ حَسَنٌ» [وَصَحَّحَهُ الأَلْبَانِي].

وَاللَّهُ أَعْلَمُ.

Ja Allah tietää parhaiten.

مِن هُنَا تَبدَأ زِيَادَةُ الحَافِظ اِبن رَجَب.

Tästä alkaa al-Hafidh ibn Rajabin lisäykset.

43. hadith: Antakaa perintöosuudet niihin oikeutetuille

الحَدِيثُ الثَّالِثُ وَالأَرْبَعُونَ: أَلْحِقُوا الفَرَائِضَ بِأَهْلِهَا

Ibn Abbas - Allah olkoon tyytyväinen heihin - sanoi, että Allahin sanansaattaja ﷺ sanoi:

"Annatkaa perintöosuudet niiden ihmisille (jotka ansaitsevat ne Koraanin mukaan) **ja mitä jäljelle jää perintöosuuksista, niin se on lähimmälle miessukulaiselle."**

Tämän raportoi al-Bukhari (6746) ja Muslim (1615).

عَنِ ابْنِ عَبَّاسٍ - رَضِيَ اللهُ عَنْهُمَا - قَالَ: قَالَ رَسُولُ اللَّهِ ﷺ:

«أَلْحِقُوا الفَرَائِضَ بِأَهْلِهَا، فَمَا أَبْقَتِ الفَرَائِضُ، فَلِأَوْلَى رَجُلٍ ذَكَرٍ»

خَرَّجَهُ البُخَارِيُّ (٦٧٤٦)، وَمُسْلِمٌ (١٦١٥).

44. hadith: Imetys tekee kielletyksi sen, minkä synnytys tekee kielletyksi

الحَدِيثُ الرَّابِعُ وَالأَرْبَعُونَ: الرَّضَاعَةُ تُحَرِّمُ مَا تُحَرِّمُ الوِلَادَةُ

Aishalta - Allah olkoon tyytyväinen häneen - on raportoitu, että profeetta ﷺ sanoi:

"Imetys tekee kielletyksi sen, minkä synnytys tekee kielletyksi."[1]

Tämän hadithin raportoi al-Bukhari (5099) ja Muslim (1444).

عَنْ عَائِشَةَ - رَضِيَ اللَّهُ عَنْهَا - عَنِ النَّبِيِّ ﷺ قَالَ:

«الرَّضَاعَةُ تُحَرِّمُ مَا تُحَرِّمُ الوِلَادَةُ»

خَرَّجَهُ البُخَارِيُّ (٥٠٩٩)، وَمُسْلِمٌ (١٤٤٤).

45. hadith: Kielto myydä alkoholia, kuolleita eläimiä[2], sikoja ja patsaita

الحَدِيثُ الخَامِسُ وَالأَرْبَعُونَ: مَنْعُ بَيْعِ الخَمْرِ وَالمَيْتَةِ وَالخِنْزِيرِ وَالأَصْنَامِ

Jabir - Allah olkoon tyytyväinen häneen - raportoi, että hän kuuli profeetan ﷺ

عَنْ جَابِرٍ - رَضِيَ اللَّهُ عَنْهُ - أَنَّهُ سَمِعَ النَّبِيَّ ﷺ

[1] Koskien naimisiinmenoa ja mahram-suhteiden muodostumista.

[2] Eli itsestään kuolleita eläimiä, niitä eläimiä, joita ei olla tapettu islamin lain mukaisesti sekä eläimiä, joita ei ole sallittua syödä.

sanovan Mekan valloituksen vuonna hänen ﷺ ollessaan Mekassa:

"Totisesti, Allah ja Hänen sanansaattajansa ovat kieltäneet alkoholin, kuolleen lihan, sian ja patsaiden myymisen (ja ostamisen)."

Sitten (hänelle ﷺ) sanottiin: "Oi Allahin sanansaattaja! Entä kuolleiden eläinten rasva, sillä sitä käytetään veneiden voiteluun ja nahkojen käsittelyyn, ja ihmiset käyttävät sitä lamppuihin?" Hän ﷺ sanoi:

"Ei, se on kiellettyä."

Sitten Allahin sanansaattaja ﷺ sanoi siinä yhteydessä:

"Allah kirotkoon juutalaiset, sillä Allah teki (eläinten) **rasvan heille kielletyksi, mutta he käsittelivät sitä** (mm. sulattamalla) **ja sitten myivät sen ja söivät sen hinnan."**

Tämän raportoi al-Bukhari (2236) ja Muslim (1581).

عَامَ الفَتْحِ ـ وَهُوَ بِمَكَّةَ ـ يَقُولُ:

«إِنَّ اللَّهَ وَرَسُولَهُ حَرَّمَ بَيْعَ الخَمْرِ، وَالمَيْتَةِ، وَالخِنْزِيرِ، وَالأَصْنَامِ.

فَقِيلَ: يَا رَسُولَ اللَّهِ! أَرَأَيْتَ شُحُومَ المَيْتَةِ، فَإِنَّهُ يُطْلَى بِهَا السُّفُنُ، وَيُدْهَنُ بِهَا الجُلُودُ، وَيَسْتَصْبِحُ بِهَا النَّاسُ؟ قَالَ:

لَا؛ هُوَ حَرَامٌ.

ثُمَّ قَالَ رَسُولُ اللَّهِ ﷺ عِنْدَ ذَلِكَ:

قَاتَلَ اللَّهُ اليَهُودَ؛ إِنَّ اللَّهَ حَرَّمَ عَلَيْهِمُ الشُّحُومَ، فَأَجْمَلُوهُ، ثُمَّ بَاعُوهُ، فَأَكَلُوا ثَمَنَهُ»

خَرَّجَهُ البُخَارِيُّ (٢٢٣٦)، وَمُسْلِمٌ (١٥٨١).

46. hadith: Kaikki, mikä päihdyttää on kiellettyä

Abu Burdah raportoi hänen isältään, joka raportoi Abu Muusa al-Ash'arilta - Allah olkoon tyytyväinen häneen - että profeetta ﷺ lähetti hänet Jemeniin ja hän (Abu Muusa) kysyi häneltä ﷺ tietyistä juomista, joita valmistetaan siellä. Hän ﷺ sanoi:

"Mitä ne ovat?"

Hän (Abu Muusa) sanoi: "*Al-Bit*' ja *al-Mizr*? Sitten (hadithin raportoijalle) Abu Burdalle

الحَدِيثُ السَّادِسُ وَالأَرْبَعُونَ: كُلُّ مُسْكِرٍ حَرَامٌ

عَنْ أَبِي بُرْدَةَ، عَنْ أَبِيهِ، عَنْ أَبِي مُوسَى الأَشْعَرِيِّ ـ رَضِيَ اللهُ عَنْهُ ـ أَنَّ النَّبِيَّ ﷺ بَعَثَهُ إِلَى اليَمَنِ، فَسَأَلَهُ عَنْ أَشْرِبَةٍ تُصْنَعُ بِهَا، فَقَالَ:

وَمَا هِيَ؟

قَالَ: البِتْعُ وَالْمِزْرُ، فَقِيلَ لِأَبِي بُرْدَةَ: مَا البِتْعُ؟

sanottiin: "Mitä on *al-Bit*'?" Hän sanoi: "Alkoholijuoma, joka on tehty hunajasta ja *al-Mizr* on alkoholijuoma, joka on tehty ohrasta, joten hän ﷺ vastasi:

'Kaikki, mikä päihdyttää on kiellettyä.'"

Tämän raportoi al-Bukhari (4343). Sen raportoi (myös) Muslim (1733) ja hänen sanoituksensa on:

"Hän (Abu Musa) sanoi: 'Allahin sanansaattaja ﷺ lähetti minut ja Mu'adhin Jemeniin ja sanoin (hänelle ﷺ): 'Totisesti, maassamme valmistetaan juomaa, jota kutsutaan *al-Mizriksi*, joka on tehty ohrasta ja juomaa, jota sanotaan *al-Bit'uksi*, joka on tehty hunajasta.' Hän ﷺ sanoi:

'Kaikki, mikä päihdyttää on kiellettyä.'"

Ja eräässä Muslimin raportissa: "Hän ﷺ sanoi:

"Kaikki, mikä päihdyttää ja estää rukoilemasta, on kiellettyä."

Ja toisessa hänen raportissaan: "Totisesti, Allahin sanansaattajalle ﷺ oltiin annettu kattavin ja ytimekkäin tapa puhua, joten hän sanoi:

"Kiellän kaiken päihdyttävän, mikä päihdyttää ja estää rukoilemasta."

قَالَ: نَبِيذُ الْعَسَلِ، وَالْمِزْرُ نَبِيذُ الشَّعِيرِ، فَقَالَ:

«كُلُّ مُسْكِرٍ حَرَامٌ»

رَوَاهُ الْبُخَارِيُّ (٤٣٤٣)، وَخَرَّجَهُ مُسْلِمٌ (١٧٣٣) وَلَفْظُهُ:

«قَالَ: بَعَثَنِي رَسُولُ اللَّهِ ﷺ أَنَا وَمُعَاذٌ إِلَى الْيَمَنِ، فَقُلْتُ: يَا رَسُولَ اللَّهِ! إِنَّ شَرَابًا يُصْنَعُ بِأَرْضِنَا يُقَالُ لَهُ: الْمِزْرُ مِنَ الشَّعِيرِ، وَشَرَابٌ يُقَالُ لَهُ: الْبِتْعُ مِنَ الْعَسَلِ، فَقَالَ:

«كُلُّ مُسْكِرٍ حَرَامٌ».

وَفِي رِوَايَةٍ لِمُسْلِمٍ: فَقَالَ:

«كُلُّ مَا أَسْكَرَ عَنِ الصَّلَاةِ فَهُوَ حَرَامٌ».

وَفِي رِوَايَةٍ لَهُ: «وَكَانَ رَسُولُ اللَّهِ ﷺ قَدْ أُعْطِيَ جَوَامِعَ الْكَلِمِ بِخَوَاتِمِهِ، فَقَالَ:

أَنْهَى عَنْ كُلِّ مُسْكِرٍ أَسْكَرَ عَنِ الصَّلَاةِ».

47. hadith: Ihminen ei täytä pahempaa astiaa kuin vatsaansa

الْحَدِيثُ السَّابِعُ وَالْأَرْبَعُونَ: مَا مَلَأَ آدَمِيٌّ وِعَاءً شَرًّا مِنْ بَطْنٍ

Miqdam bin Ma'dii Karib - Allah olkoon tyytyväinen häneen - sanoi: 'Kuulin Allahin sanansaattajan ﷺ sanovan:

عَنِ الْمِقْدَامِ بْنِ مَعْدِي كَرِبَ - رَضِيَ اللَّهُ عَنْهُ - قَالَ: سَمِعْتُ رَسُولَ اللَّهِ ﷺ يَقُولُ:

'Ihminen ei täytä pahempaa astiaa kuin vatsaansa. Aadamin jälkeläisen on riittävää syödä muutama suupala pitääkseen hänen selkärankansa suorana. Mutta jos hänen täytyy (täyttää sitä lisää)**, niin yksi kolmasosa on hänen ruualleen, yksi kolmasosa on hänen juomalleen ja yksi kolmasosa on hänen hengitykselleen.'"**

Tämän raportoi imaami Ahmad (17186), at-Tirmidhi (2380), an-Nasa'i (8736) ja ibn Majah (3349), ja at-Tirmidhi sanoi: "Tämä (hadith) on *hasan*".

«مَا مَلَأَ آدَمِيٌّ وِعَاءً شَرًّا مِنْ بَطْنٍ، بِحَسْبِ ابْنِ آدَمَ أُكُلَاتٌ يُقِمْنَ صُلْبَهُ، فَإِنْ كَانَ لَا مَحَالَةَ، فَثُلُثٌ لِطَعَامِهِ، وَثُلُثٌ لِشَرَابِهِ، وَثُلُثٌ لِنَفَسِهِ»

رَوَاهُ الإِمَامُ أَحْمَدُ (١٧١٨٦)، وَالتِّرْمِذِيُّ (٢٣٨٠)، وَالنَّسَائِيُّ (٨٧٣٦)، وَابْنُ مَاجَهْ (٣٣٤٩)، وَقَالَ التِّرْمِذِيُّ: «حَسَنٌ».

48. hadith: Joka omaa seuraavat neljä ominaisuutta on tekopyhä

Abdullah bin 'Amrilta - Allah olkoon tyytyväinen heihin - on raportoitu, että profeetta ﷺ sanoi:

"Joka omaa seuraavat neljä ominaisuutta, on tekopyhä, ja joka omaa yhdenkin niistä ominaisuuksista, omaa yhden tekopyhyyden piirteen, kunnes hän luopuu siitä.

(1) **Kun hän puhuu, hän valehtelee,** (2) **kun hän antaa lupauksen, hän rikkoo sen,** (3) **kun hän riitelee, hän käyttäytyy röyhkeästi** (4) **ja kun hän tekee sopimuksen, hän pettää sen."**

Tämän raportoi al-Bukhari (2459) ja Muslim (58).

الحَدِيثُ الثَّامِنُ وَالأَرْبَعُونَ: أَرْبَعٌ مَنْ كُنَّ فِيهِ كَانَ مُنَافِقًا

عَنْ عَبْدِ اللَّهِ بْنِ عَمْرٍو - رَضِيَ اللَّهُ عَنْهُمَا - عَنِ النَّبِيِّ ﷺ قَالَ:

«أَرْبَعٌ مَنْ كُنَّ فِيهِ كَانَ مُنَافِقًا، وَإِنْ كَانَتْ خَصْلَةٌ مِنْهُنَّ فِيهِ كَانَتْ فِيهِ خَصْلَةٌ مِنَ النِّفَاقِ حَتَّى يَدَعَهَا:

مَنْ إِذَا حَدَّثَ كَذَبَ، وَإِذَا وَعَدَ أَخْلَفَ، وَإِذَا خَاصَمَ فَجَرَ، وَإِذَا عَاهَدَ غَدَرَ»

خَرَّجَهُ البُخَارِيُّ (٢٤٥٩)، وَمُسْلِمٌ (٥٨).

49. hadith: Allahiin luottaminen

الحَدِيثُ التَّاسِعُ وَالأَرْبَعُونَ: التَّوَكُّلُ عَلَى اللَّهِ

'Umar bin al-Khattab - Allah olkoon tyytyväinen häneen - raportoi, että profeetta ﷺ sanoi:

عَنْ عُمَرَ بْنِ الخَطَّابِ - رَضِيَ اللَّهُ عَنْهُ - عَنِ النَّبِيِّ ﷺ قَالَ:

"Totisesti, jos te luottaisitte Allahiin luottamuksella, jonka Hän ansaitsee, niin totisesti Hän antaisi teille elantoa kuin Hän antaa linnuille. Ne lähtevät nälkäisinä aamulla ja palaavat illalla vatsat täynnä."

«لَوْ أَنَّكُمْ تَوَكَّلُونَ عَلَى اللَّهِ حَقَّ تَوَكُّلِهِ، لَرَزَقَكُمْ كَمَا يَرْزُقُ الطَّيْرَ، تَغْدُو خِمَاصًا، وَتَرُوحُ بِطَانًا»

Tämän raportoi imaami Ahmad (205), at-Tirmidhi (2344), an-Nasa'i (11805), ibn Majah (4164), ibn Hibban (730) hänen *"Sahih"* -kirjassaan ja al-Hakim (7894), ja at-Tirmidhi sanoi: "Tämä (hadith) on *hasan-sahih*."

رَوَاهُ الإِمَامُ أَحْمَدُ (٢٠٥)، وَالتِّرْمِذِيُّ (٢٣٤٤)، وَالنَّسَائِيُّ (١١٨٠٥)، وَابْنُ مَاجَهْ (٤١٦٤)، وَابْنُ حِبَّانَ (٧٣٠) فِي «صَحِيحِهِ» وَالْحَاكِمُ (٧٨٩٤)، وَقَالَ التِّرْمِذِيُّ: «حَسَنٌ صَحِيحٌ».

50. hadith: Allahin muisteleminen

الحَدِيثُ الخَمْسُونَ: ذِكْرُ اللَّهِ

Abdullah ibn Busrilta - Allah olkoon tyytyväinen häneen - on raportoitu, että hän sanoi:

عَنْ عَبْدِ اللهِ بْنِ بُسْرٍ - رَضِيَ اللَّهُ عَنْهُ - قَالَ:

"Eräs mies tuli profeetan ﷺ luokse ja sanoi: 'Oi Allahin sanansaattaja! Totisesti, islamin säädöksiä on tullut meille paljon. Onko jotain (vapaaehtoista tekoa), johon[1]

«أَتَى النَّبِيَّ ﷺ رَجُلٌ، فَقَالَ: يَا رَسُولَ اللَّهِ! إِنَّ شَرَائِعَ الإِسْلَامِ قَدْ كَثُرَتْ عَلَيْنَا، فَبَابٌ نَتَمَسَّكُ بِهِ جَامِعٌ؟ قَالَ:

[1] Tässä hadithissa tämä seuralainen ei tullut pyytämään sitä, että hänen ei tarvitsisi suorittaa pakollisia tekoja. Sen sijaan, hän pyysi vapaaehtoista tekoa, joka olisi niin kattava, että se sisältäisi suuren määrän palkkioita ja helpottaisi hänelle pakollisten tekojen suorittamista. Shaykh Abdullah ibn Salih al-Muhsin - Allah armahtakoon hänet - sanoi tästä hadithin kohdasta:

السَّائِل يُرِيد عَمَلًا غير الفرَائِض وَلَم يُرِدِ الاكْتِفَاء بِهِ عَن الفرَائِض وَالواجبَات، بَلْ يُرِيد زِيَادَة العَمَل مَعَ أَدَاءِ الفرَائِض.

"Kysyjä halusi teon, joka on muu kuin pakollinen teko. Hän ei tarkoittanut, että se riittäisi korvaamaan pakolliset teot ja (muslimin) velvollisuudet. Sen sijaan, hän halusi lisää tekoja pakollisten rinnalle." (*Al-Ahadithu al-arba'in an-nawawiyyah li 'Abd Allah bin Salih al-Muhsin*)

Ismail al-Ansari sanoi:

(قولُه): «فَبَابٌ نَتَمَسَّكُ بِهِ جَامِعٌ» (يَعْنِي): لِيَسْهُلَ عَنِّي أَدَاءُهَا.

"(Hänen lausuntonsa:) 'Onko jotain, johon voimme tarttua ja joka olisi kattava', tarkoittaa: 'jotta niiden suorittaminen tulisi minulle helpoksi.'" (*At-Tuhfah ar-rabbaniyyah fi sharh al-arba'in hadithan an-nawawiyyah* 1/104)

voimme tarttua ja joka olisi kattava (helpottamaan pakollisia tekoja)?' Hän ﷺ sanoi:

'Pidä kielesi kosteana Allahin muistamisesta.'

Tämän raportoi imaami Ahmad (205) tällä sanoituksella. Ja sen raportoi myös at-Tirmidhi (2344), ibn Majah (4164) ja ibn Hibban (730) "*Sahih*" -kirjassaan tällä merkityksellä, ja at-Tirmidhi sanoi: "Tämä hadith on *hasan-ghariib*".

Kaikki he raportoivat sen Amr ibn Qays al-Kindiltä, joka välitti sen Abdullah ibn Busrilta.

Ja ibn Hibban raportoi sen hänen *Sahih*-kirjassaan, ja muut (oppineet) Mu'adh ibn Jabalin hadithista, joka sanoi:

'Viimeinen asia, jonka sanoin Allahin sanansaattajalle ﷺ meidän erkaantuessamme oli: 'Mikä teoista on paras ja vie eniten Allahin lähelle?' Hän ﷺ sanoi:

'Se, että kuolet kielesi ollessa kostea Allahin muistamisesta.'"

لَا يَزَالُ لِسَانُكَ رَطْبًا مِنْ ذِكْرِ اللَّهِ عَزَّ وَجَلَّ»

خَرَّجَهُ الإِمَامُ أَحْمَدُ (٢٠٥) بِهَذَا اللَّفْظِ. وَخَرَّجَهُ التِّرْمِذِيُّ (٢٣٤٤) وَابْنُ مَاجَهْ (٤١٦٤) وَابْنُ حِبَّانَ (٧٣٠) فِي «صَحِيحِهِ» بِمَعْنَاهُ، وَقَالَ التِّرْمِذِيُّ: «حَسَنٌ غَرِيبٌ».

وَكُلُّهُمْ خَرَّجَهُ مِنْ رِوَايَةِ عَمْرِو بْنِ قَيْسٍ الكِنْدِيِّ، عَنْ عَبْدِ اللَّهِ بْنِ بُسْرٍ رضي الله عنه.

وَخَرَّجَهُ ابْنُ حِبَّانَ فِي «صَحِيحِهِ» وَغَيْرُهُ مِنْ حَدِيثِ مُعَاذِ بْنِ جَبَلٍ رضي الله عنه قَالَ:

«آخِرُ مَا فَارَقْتُ عَلَيْهِ رَسُولَ اللَّهِ ﷺ أَنْ قُلْتُ لَهُ: أَيُّ الأَعْمَالِ خَيْرٌ وَأَقْرَبُ إِلَى اللَّهِ؟ قَالَ:

أَنْ تَمُوتَ وَلِسَانُكَ رَطْبٌ مِنْ ذِكْرِ اللَّهِ عَزَّ وَجَلَّ».

تَمَّ بِحَمْدِ اللَّهِ

Kiitokset Allahille - tämä kirja on saatu valmiiksi.